*Peter Ehrlich / Klaus Heimann*

# Bewegungsspiele für Kinder

Wie ein Kind in seiner Entwicklung gefördert werden kann

*Peter Ehrlich / Klaus Heimann*

# Bewegungsspiele für Kinder

## Wie ein Kind in seiner Entwicklung gefördert werden kann

verlag modernes lernen - Dortmund

4., überarb. u. erw. Aufl. 1995

Herstellung: Löer Druck GmbH, 44139 Dortmund

Fotonachweis: Die Fotos wurden von den Autoren zur Verfügung gestellt.
Titelfoto: Zefa (M. Wegler)

Bestell-Nr. 1117 ISBN 3-8080-0337-5

# Inhalt

# Vorwort zur 1. Auflage

Spielen, vor allem das Bewegungsspiel, ist der Inhalt des kindlichen Lebens. Entwicklung, Wachstum und Veränderung sind eng mit dem Spiel verknüpft. Der Stoffwechsel wird angekurbelt, Lernimpulse werden gesetzt und gelöscht, positive und negative Erfahrungen werden gesammelt. Selbständigkeit wird erprobt und soziale Kontakte werden hergestellt. Erfolge werden genossen, Mißerfolge werden ertragen, verdaut. Kurz, Spielen ist die Basis für soziale Integration des Kindes. Wollen wir die Kinder für uns gewinnen, müssen wir Erwachsenen wieder lernen zu spielen, was uns leider häufig abhanden gekommen ist.

Wenn wir das Spiel als taugliches Instrument für soziale Integration benutzen wollen, tun wir gut daran, dieses Instrument genauer kennenzulernen.

Die Autoren des vorliegenden Buches, Klaus Heimann und Peter Ehrlich, haben viele Spiele in bezug auf Körper- und Hirnfunktionen untersucht. Sie können dabei ihre Eigenschaft als Therapeuten nicht verleugnen, wenn sie auch in diesem Buch nicht nur Kinder mit Funktionsstörungen ansprechen wollen. So werden wichtige Bereiche der Wahrnehmung und der Motorik erwähnt, die vor allen Dingen zum Erlernen der Kulturtechniken notwendig sind.

Durch die klare Einteilung der Spiele, des Spielmaterials und des Spielvorganges, ist es jeder mit dem Kind beschäftigten Person möglich, ganz bestimmte Funktionen anzusprechen. Hervorheben möchte ich noch den Hinweis der Autoren, daß viele Spiele nicht an Material und Räumlichkeiten gebunden sind und so mit etwas Phantasie überall durchgeführt werden können.

Der große Wert dieses Buches liegt auch darin, daß sozusagen nebenbei die Augen des Lesers für eventuelle Funktionsstörungen und einige diagnostische Möglichkeiten geöffnet werden. Ich danke meinen Beiden Mitarbeitern für diesen Beitrag zum Spiel des Kindes und wünsche ihnen eine große Leserschaft.

***Dr. med. Kh. Amirpour***

*Leiter des Zentrums für Entwicklungsdiagnostik*
*und Sozialpädiatrie Wolfsburg*

# Vorworte zur 4. Auflage

Kinder haben ein natürliches Bewegungsbedürfnis und spontane Freude am Spiel. Mit der Bewegung ihres Körpers lernen die Kinder die verschiedenen Sinne zu koordinieren. So sind Bewegung und Spiel die Grundlage für das seelische und geistige Gleichgewicht des Kindes. Das Lernen eines Kindes erfolgt aus der eigenen Erfahrung durch den direkten körperlichen Kontakt mit der Umwelt, durch Spiel, Bewegung und Nachahmung.

Wir erleben heute viele Kinder, denen die Grundbedürfnisse nach Bewegung und Spiel nicht ausreichend gegeben sind. Gerade auch die Überflutung mit Medien verurteilt die Kinder zur Bewegungslosigkeit und nimmt ihnen die Phantasie im Spiel. Die körperlich behinderten und die wahrnehmungsgestörten Kinder benötigen eine spezielle Therapie, in denen Bewegungsspiele eine große Rolle spielen.

Dieses Buch gibt eine Fülle von Anregungen, um gerade auch bei Kindern mit Störungen der Motorik und der Wahrnehmung durch spezielle spielerische Übungen Verbesserungen zu erreichen.

Die beiden Autoren dieses Buches, seit Jahren intensiv mir der Diagnostik und Behandlung entwicklungsgestörter Kinder befaßt, haben diese Sammlung von Bewegungsspielen erneut überarbeitet und geben damit vielfältige Anregungen, um die Sinne von kranken und gesunden Kindern zu schulen. Es ist diesem schönen Buch zu wünschen, daß es eine große Verbreitung findet.

***Prof. Dr.med. J. Otte***
*Chefarzt der Kinderklinik Stadtkrankenhaus Wolfsburg*

Wir freuen uns, dieses Buch jetzt, nochmals erweitert und in Teilen verändert, in der 4. Auflage veröffentlichen zu können. Es hat sich gezeigt, daß wir mit unserer Absicht, das kindliche Spiel in den Mittelpunkt der Entwicklungsförderung zu stellen, einen richtigen und wichtigen Weg gegangen sind. Wir wünschen uns, daß dieser Weg von allen, die mit Kindern zu tun haben, weiterhin mitgegangen wird.

Wir bedanken uns an dieser Stelle bei den Damen und Herren des „verlag modernes lernen“ in Dortmund, die uns ermutigt haben, dieses Buch in der jetzigen Form nochmals zu überarbeiten.

*Lehre / Wolfsburg – Herbst 1994*
***Klaus Heimann***

# 1. Einleitung

Die Idee zu diesem Buch entstand während der praktischen Arbeit mit Kindern, die in ihrer Entwicklung z.T. erhebliche Rückstände aufwiesen. Als eine Möglichkeit der Förderung dieser Kinder bot sich die „Psychomotorik“ mit ihrer ganzheitlichen Auffassung der Persönlichkeitsförderung an.

Es wurde deutlich, daß die sog. „Psychomotorische Übungsbehandlung“ allein genommen für die Förderung von Kindern nicht sinnvoll erschien, da sie einerseits sehr stark therapieorientiert ist und somit dem Laien wenig Ansatzpunkte bietet, daß andererseits die dort angebotenen „Übungen“ insgesamt gesehen dem Spieltrieb des Kindes nur in eingeschränktem Maße entgegenkommen.

Es ist jedoch unumstritten, daß gerade das Spiel in der kindlichen Entwicklung von Fähigkeiten und Fertigkeiten eine entscheidende Rolle spielt.

Unser Ziel ist es daher, aufzuzeigen, wie Kinderspiele in Bezug zu kindlicher Entwicklung gesetzt werden und wie mit ihrer Hilfe alle Bereiche der Entwicklung gefördert werden können.

Die Spiele, die hier dargestellt werden, sind z.T. allgemein bekannt, z.T. wurden sie während der praktischen Arbeit von Kindern „erfunden“ und auch benannt. Außerdem wurden Übungen aus der „Psychomotorischen Übungsbehandlung“ in eine Spielhandlung umgesetzt. Alle Spiele wurden auf ihren Bezug zu kindlichen Entwicklungsbereichen überprüft und diesen zugeordnet. Diese Bereiche sind die Wahrnehmung (visuell, akustisch, taktil), die Motorik, die Sprache und das Sozialverhalten. Dabei ist zu beachten, daß es nicht möglich war, jedes Spiel genau einem Bereich zuzuordnen, da fast jedes Spiel mehrere Bereiche anspricht. Wir haben deshalb den Hauptaspekt des Spielinhaltes herausgefiltert und danach die jeweilige Zuordnung vorgenommen.

Zu jedem Spiel haben wir Material-, Durchführungs- und Variationshinweise genannt, so daß die Möglichkeit einer individuellen Anwendung gegeben ist. Die vorgeschlagenen Materialien sind überwiegend so gewählt, daß sie Gegenständen, die ein Kind in seiner normalen Umgebung vorfindet, entsprechen.

# 2. Spiel als Grundelement der Bewegungsförderung

Bewegung bedeutet Leben, oder anders ausgedrückt:

Ein Leben ohne Bewegung kann nicht existieren.

Diese zunächst banal klingende Aussage trifft für alles Leben (zumindest auf diesem Planeten) zu. Bewegung ist die Grundvoraussetzung für alle Entwicklungsschritte, die ein Lebewesen durchläuft, sei es ein Einzeller oder ein Mensch.

Der Drang zur Bewegung stellt somit auch ein Grundbedürfnis des Menschen dar, dessen Befriedigung von Anfang bis Ende des Lebens immer wieder neu angestrebt wird. In der motorischen Aktivität, in der spielerische und sportliche, aber auch sog. Alltagsbewegungen miteinander verknüpft sind, erfährt der Mensch sich selbst, seine Möglichkeiten und Grenzen.

Die Spielaktivität an sich dient zunächst keinem eigentlichen Zweck, da sie ohne Zwang und um ihrer selbst wegen ausgeführt wird (vgl. Dorsch, F., 1992). Diese Grunddefinition muß aber bei genauer Betrachtung wesentlich erweitert werden. So lassen sich verschiedene Spielarten unterscheiden wie Funktionsspiele (Einübung von Bewegungsabläufen), Fiktionsspiele (Nachahmung, Phantasieentwicklung), Konstruktionsspiele (Materialumgang), Regelspiele (Spielregeln sind einzuhalten) und nicht zuletzt Gruppenspiele (können ohne Partner nicht gespielt werden). Diese kurze Aufzählung läßt erahnen, welche Voraussetzungen für das spätere Leben als Erwachsener (in Beruf und Familie) durch Spielerfahrungen im Kindesalter geschaffen werden.

Dieses Buch befaßt sich mit Bewegungsspielen (also Funktionsspielen) und deren Bedeutung für die Entwicklungsförderung für Kinder. Das hat seinen besonderen Grund in der Tatsache, daß Kinder ihre spontane und gezielte motorische Aktivität zu einem sehr hohen Maße in spielerischer Weise entfalten. Solche Spiele nehmen im kindlichen Leben einen großen Raum ein.

Kinder spielen überall und bei jeder sich bietenden Gelegenheit, egal ob drinnen oder draußen. Dabei müssen sie lernen und erkennen, daß sich die Spielumgebung ständig verändert, so daß entsprechende Anpassungsschritte notwendig werden. Leider sind die Veränderungen in zunehmendem Maße so stark, daß Spiel- und Bewegungsmöglichkeiten immer weiter eingeschränkt werden. Enge Wohnungen, zunehmender Autoverkehr und die dichte Bebauung in Ballungsgebieten nehmen Kindern immer stärker den notwendigen Raum, ihren Bewegungsdrang auszuleben. Aber auch die fortschreitende Technisierung von Spielzeug, der Einsatz von Video- und Computerspielen sowie der stetig wachsende Fernsehkonsum hindern viele unserer Kinder an einer aktiven, kreativen und spontanen Auseinandersetzung mit ihrer Umwelt.

Obwohl der Schwerpunkt des Buches im Bereich „Bewegung" liegt, lassen sich viele Spiele für andere Zielsetzungen nutzen. Es zeigt sich sehr schnell, daß Bewegungsspiele auch Fiktions-, Konstruktions- und Regelspiele sind und dementsprechende Inhalte bieten. Es wird klar, daß das Spiel als Medium für die kindliche Förderung eine sehr große Bedeutung hat. Es wäre deshalb wünschenswert, wenn diese Möglichkeiten verstärkt in Familien und Institutionen genutzt würden, um unseren Kindern auch diese Chancen der Entwicklungsförderung zu bieten.

## 2.1 Entwicklung des Spielverhaltens

Das Spiel kann als eine elementare Verhaltensform aller höheren Lebewesen angesehen werden, insbesondere beim Menschen. Sie ist hier in allen Altersstufen anzutreffen. Spiel bedeutet Auseinandersetzung mit der Umwelt, ohne daß ein von außen gesetzter Zweck oder Zwang dahinter stehen muß bzw. steht. Somit erfolgt Spiel im Gefühl unmittelbarer Freiheit (vgl. Hetzer, H., 1969, 1974).

Spiel bzw. Spielverhalten beobachtet man bei Kindern schon im sehr frühen Lebensalter. Bereits der Säugling spielt, zunächst mit seinem Körper und mit Lautäußerungen, aber auch mit Gegenständen, ohne die Besonderheit des jeweiligen Objekts zu beachten (vgl. Bühler, Ch., 1967). Die Freude und die Lust an den (Spiel-) Bewegungen selbst dominiert und wird erst nach und nach abgelöst von Funktions- und Tätigkeitsspielen, in denen die Form und Beschaffenheit des Spielmaterials eine zunehmende Rolle spielen. Im 2. und 3. Lebensjahr vollzieht sich ein schrittweiser Übergang zu Konstruktions- und Gestaltungsspielen (vgl. Nickel, H., 1975).

In dieser Phase entwickelt das Kind in vielfältiger Form schöpferische Fähigkeiten, die sich insbesondere auch in Rollenspielen zeigen. Sie ermöglichen dem Kind, verschiedene soziale Verhaltensweisen zu erproben und zu lernen, die dann im Kindergarten oder in Kindergruppen in immer neuen Variationen eingesetzt werden.

Beim Schulkind ändern sich die Formen und Inhalte der bevorzugten Spieltätigkeiten allmählich. Die Spiele werden zunehmend realitätsbezogener, die Kinder bemühen sich im Spiel immer mehr um Erreichung eines bestimmten Ziels oder Erfolges. Das Rollenspiel orientiert sich am tatsächlichen Verhalten der dargestellten Personen. Beim Konstruktionsspiel steht die Realitätstreue und die Funktionsfähigkeit im Vordergrund. Und schließlich wächst das Interesse für strategische Spiele aufgrund der fortschreitenden kognitiven Entwicklung.

Die Veränderungen der Spiele und Spieltätigkeiten der Kinder sind das Ergebnis eines Zuwachses an neuen Möglichkeiten, die die Reifung und Entwicklung bereitstellen. Sie sind aber auch abhängig von den neuen Fähigkeiten, zu lernen. Nicht nur im Spiel selbst lernt das Kind, sondern auch, was nicht im Spiel gelernt und erfahren wird, trägt zur Änderung des Spielverhaltens bei.

Der Anteil des Lernens an der Entwicklung des Kindes zeigt sich insbesondere im Spielverhalten. Spiele von Kindern sind nicht nur Ausdruck von primären Motiven (natürlichen, spontanen Impulsen) wie die Spiele junger Tiere. Auch wenn ein natürlicher Bewegungsdrang vorhanden ist, die Mehrzahl der Spiele ist kulturell beeinflußt. Diesen kulturellen Anteil übernimmt das Kind und lernt so einen Teil der gesellschaftlichen Gepflogenheiten und Traditionen über das Spiel und die Spielhandlungen.

Kinder spielen gern, sie sind vor allem auch bereit, an jedem Ort, an dem sie sich befinden, zu spielen. Überall finden sich Spielobjekte, die in eine Spielhandlung eingebaut werden können. Kinder sind jedoch noch überwiegend auf die Mitwirkung anderer Menschen angewiesen. Sie brauchen (gelegentlich) Partner, andere Kinder und Erwachsene, die ihnen zeigen, was man alles spielen kann und wie man dabei vorgeht. Auf diese Weise wird das kindliche Spiel indirekt oder direkt gelenkt. Viele Spiele, die Kinder durchführen, sind Einzelspiele. Aber gerade das Spiel mit anderen gibt dem Kind die Gelegenheit, eigene Initiativen zu ergreifen, den Umgang mit anderen zu erproben.

Kleine Kinder sind im Hinblick auf Anpassung im Spiel noch auf die vermittelnde Hilfe von Älteren angewiesen, die ihnen zeigen, wie Konflikte gelöst werden können. Schulkinder dagegen beginnen bereits Spiele nach Regeln zu organisieren, die sie sich oft selbst setzen und variieren.

Darin sollte man sie bestärken, auch wenn die eigenen Regeln nicht denen entsprechen, die ihnen Erwachsene sagen. Gerade dadurch lernen Kinder, daß Spielregeln, im Gegensatz zu manchen Regeln, die ein Zusammenleben zwischen Menschen ordnen, veränderbar sind. Spiel heißt demnach auch immer Anwendung von Phantasie und Spontaneität.

Spiele, die Kinder in Gruppen spielen, sind überwiegend solche, bei denen die Partner miteinander wetteifern. Sie werden veranlaßt, ihre körperlichen und kognitiven Fähigkeiten einzusetzen, um entsprechend Erfolg zu erzielen. So lernen sie, im Vergleich mit anderen, sich selbst zu beurteilen und einzuschätzen.

Daß Spielen nicht immer frohe und glückliche Erlebnisse vermittelt, darf hierbei nicht übersehen werden. In der spielerischen Auseinandersetzung mit anderen wird es immer wieder auch zu Mißerfolgen kommen. Jedoch haben Mißerfolge im Spiel bei weitem nicht so gravierende Folgen, als wenn das Kind sie in anderen Situationen hinnehmen muß, etwa in der Schule.

Unbestritten ist die Tatsache, daß im Spiel Erfahrungen gemacht werden, die über das Spiel hinaus Bedeutung haben. Deshalb muß gerade der Erwachsene bemüht sein, Kindern Spielgelegenheiten und -möglichkeiten zu bieten und ihnen damit gleichzeitig neue Lerninhalte zu vermitteln. Spielen darf auch nicht mit Leistung oder Training gleichgesetzt werden, da es dann in Bahnen gelenkt wird, die dem Kind das Einbringen von Phantasie und Kreativität verwehren. Spiel sollte immer ein gewisses Maß an individueller Freiheit gewähren, nur dann wirkt es motivierend und fördernd.

## 2.2 Bedeutung der Motorik für die kindliche Entwicklung

Mit dem Begriff „Motorik" wird die Gesamtheit der menschlichen Bewegung umschrieben. Motorische Leistungen sind zusammen mit der gesamten Wahrnehmung die Grundlage für menschliches Verhalten. Ohne Motorik im Zusammenspiel mit Wahrnehmung kann sich die Persönlichkeit eines Menschen mit allen ihren Eigenschaften nicht optimal entwickeln. Bewegungsverhalten dient dem Sammeln neuer Erfahrungen, dient der Eroberung der Umwelt und des eigenen Körpers. Durch Bewegungen können Gegenstände von allen Seiten erfaßt werden, verschiedene Perspektiven ermöglichen neue Ein- und Ansichten über die dingliche Umwelt. Bewegung ist praktisch bei jeder Tätigkeit notwendig, um Informationen über die Umgebung, aber auch über uns selbst zu erhalten. Indem wir die Augen bewegen, sehen wir bekannte und neue Dinge. Indem wir die Arme, Hände und Beine bewegen, können wir Dinge erreichen und ertasten bzw. begreifen. Indem wir die Lippen und die Zunge bewegen, können wir Dinge benennen und beschreiben. Selbst dann, wenn wir ruhig liegen, findet Bewegung in unserem Körper statt. Würde sich beispielsweise unser Herz nicht mehr bewegen, hätten wir die Grundlage für unser Leben verloren.

Bewegungsverhalten ist jedoch nicht nur rein funktionell zu sehen, sondern es wirkt auch auf unseren emotionalen Zustand. Bewegungen bringen Erfolgserlebnisse, sie wirken auf unser Selbstbewußtsein und unsere Selbsteinschätzung. Erfolgserlebnisse motivieren zu weiterer Aktivität, neue und eventuell qualitativ und quantitativ bessere Bewegungen einzuüben. Aber auch Mißerfolge können uns anspornen, unsere Motorik zu verändern und zu verbessern.

Motorik und Wahrnehmung stehen immer in Wechselwirkung zueinander, d.h. nur wenn sich diese beiden grundlegenden Bereiche gleichmäßig entwickeln, verläuft die kindliche Entwicklung ebenfalls gleichmäßig. Die enge Verknüpfung zwischen der Entwicklung der Motorik und anderen Funktions-und Verhaltensbereichen zeigt sich insbesondere dann, wenn Störungen auftreten. Deutlich sichtbar wird dies bei Körperbehinderungen, die durch Cerebralparesen oder andere Bedingungen entstanden sind. Eine motorische Behinderung hat immer zur Folge, daß u.a. das Wahrnehmungssystem keine normale Entwicklung durchlaufen kann.

Es geht jedoch nicht um die körperbehinderten Kinder allein, deren Entwicklung mit vielen Problemen abläuft. Viele Kinder zeigen Bewegungsstörungen, die trotz äußerlich körperlicher Unversehrtheit auftreten und nur diskret in Erscheinung treten. Meist werden solche Störungen nicht oder erst relativ spät erkannt. Die Ursachen können sehr vielfältig sein, so daß oft nur speziell ausgebildete Fachleute in der Lage sind, dies zu beurteilen. Solche Kinder sind eingeschränkt in der Eroberung und Auseinandersetzung ihrer Umwelt. Die daraus resultierenden primären Entwicklungsverzögerungen oder -störungen zeigen sich dann sehr oft in sekundären Verhaltensauffälligkeiten. Bei der Suche nach den Ursachen muß deshalb grundsätzlich an die Möglichkeit einer motorischen Störung gedacht werden. Für den „Laien" sind die auftretenden Verhaltensauffälligkeiten in vielen Fällen unklar und unverständlich, da die Bedingungen und Ursachen nicht erkannt werden. Wie viele Eltern, aber auch Fachleute bei ihren Bemühungen, solche Kinder zu „erziehen“, in eine Sackgasse geraten sind, läßt sich kaum erahnen. Eine intensive Entwicklungsdiagnostik aller Bereiche der kindlichen Entwicklung, aber speziell auch der Motorik, ist deshalb immer anzustreben.

Die vielfältigen Erscheinungsformen der kindlichen bzw. menschlichen Motorik lassen sich nach bestimmten Aspekten theoretisch einteilen (vgl. Kiphard, E.J., 1984) :

### ➠ Neuromotorik

Mit dem Begriff „Neuromotorik“ ist hauptsächlich die Reflexmotorik des Säuglingsalters gemeint. Sie bildet die Grundlage für die weitere motorische Entwicklung, da sie unmittelbar vom kindlichen Zentralnervensystem gesteuert wird.

### ➠ Sensomotorik

Mit dem Begriff „Sensomotorik“ wird die Einheit von Wahrnehmung und Motorik bezeichnet. Erst die intakte Motorik bewirkt die intakte Ausbildung der Wahrnehmung, so daß der Mensch zu „sinnvollen“ Handlungen befähigt wird.

### ➠ Psychomotorik

Psychische Entwicklung ist ohne motorische Entwicklung unvollkommen. Die enge Wechselbeziehung zwischen Körper und Psyche ist unbestritten. Stimmungen, Gefühle und Affekte äußern sich in Bewegungshandlungen. Der kognitive Einfluß wird hier sehr deutlich, da die vielfältigen Bewegungsaufgaben das Kind herausfordern, nach Lösungsmöglichkeiten zu suchen. Je nachdem, ob die Problemlösung positiv oder negativ ausfällt, ob sie von anderen gelobt oder kritisiert wird, kann sich das Kind entscheiden, nach anderen, neuen Möglichkeiten zu suchen oder sich zurückziehen. Wird der natürliche Bewegungsdrang ständig eingeschränkt, kommt es zu Spannungszuständen, die sich im emotionalen und affektiven Verhalten ausdrücken. Motorik bzw. motorische Aktivität ist deshalb ein „Ventil“, um psychische Spannungen abzubauen.

Kindliches Lernen wird u.a. durch Bewegungserfahrungen maßgeblich beeinflußt und bestimmt. Die „Psychomotorische Förderung“ als pädagogisches Angebot bedeutet somit Lernen durch Bewegung (vgl. Frostig, M., 1973).

### ➠ Soziomotorik

Der Begriff „Soziomotorik“ bedeutet, daß das Kind über seine motorischen Fähigkeiten und Fertigkeiten in der Lage ist, mit anderen Menschen in Kontakt zu treten, mit ihnen zu interagieren und zu kommunizieren. Dazu muß es sich selbst „kennen“, es muß seine Fähigkeiten und Fertigkeiten selbst einschätzen können, es muß über ein Körperimago, also ein Bild von sich und seinem Körper haben. Erst dann kann es in adäquater Weise soziale Kontakte knüpfen. Gerade körper- und bewegungsbehinderte Kinder haben hierbei große Probleme, da sie oft ihre Fähigkeiten falsch einschätzen.

Zusammenfassend ergeben sich folgende Feststellungen:

- ➩ Der Drang nach Bewegung ist ein elementares Bedürfnis des Menschen.
- ➩ Motorische (Bewegungs-)Entwicklung ist untrennbar mit Wahrnehmungsentwicklung verbunden.
- ➩ Beide Bereiche sind Grundlage für die Entwicklung der Sprache, des Gefühlslebens, der sozialen Verhaltensweisen und der Intelligenz.
- ➩ Entwicklungsförderung muß alle diese Bereiche berücksichtigen.
- ➩ Das Spiel ist dazu als geeignetes Medium einsetzbar.

Bewegungsförderung in spielerischer Form bzw. im Spiel ist somit ein wesentlicher Bestandteil der kindlichen Erziehung.

Welche Wechselwirkungen zwischen Bewegung und Spiel mit den wesentlichen Bereichen der kindlichen Entwicklung bestehen, wird aus der Grafik deutlich. (siehe Abb. 1 auf S. 16)

Bewegung und Spiel stehen somit im Mittelpunkt kindlichen Lebens und Erlebens und sollten zunächst von den Eltern, später von allen, die sich mit Kindern beschäftigen, gefördert werden.

## 2.3 Bedeutung der Wahrnehmung für die kindliche Entwicklung

Mit dem Begriff „Wahrnehmung“ bezeichnen wir alles, was mit der Aufnahme und Verarbeitung von Reizen aus unserer Umwelt oder des eigenen Körpers, die wir über die Sinnesorgane erhalten, zusammenhängt. Die Sinnesorgane liefern uns visuelle Reize über die Augen,

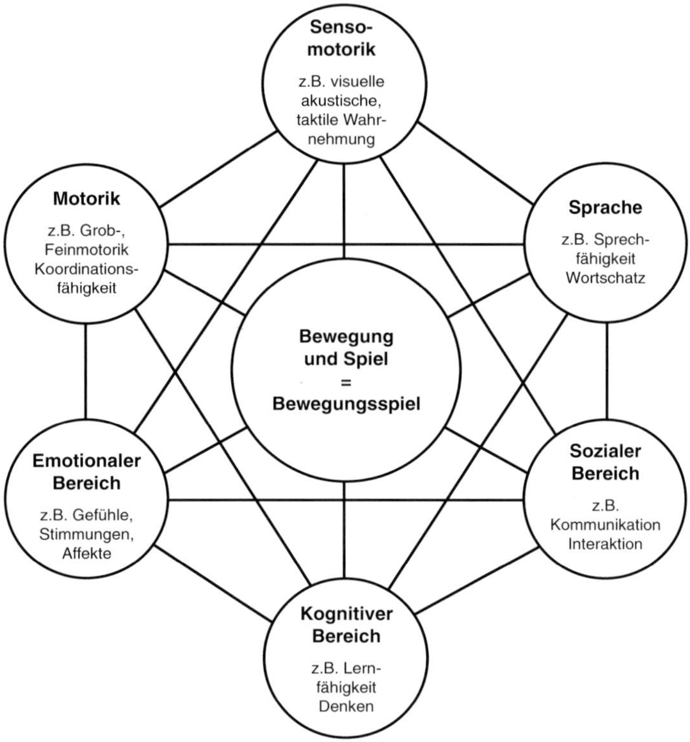


***Abb. 1: Zusammenhänge und Wechselwirkungen von Bewegung und Spiel auf die kindliche Entwicklung***

akustische Reize über die Ohren, taktile Reize über die Haut, Geruchs- und Geschmacksreize über Nase und Zunge. Dazu gehören auch Reize, die das Gleichgewichtsorgan betreffen, sowie solche, die die Nerven der Muskeln und Gelenke ansprechen. Alle diese Reize werden an das Zentralnervensystem und an das Gehirn über die Nervenbahnen weitergeleitet. Dort werden sie entsprechend verarbeitet, d.h. sie werden unterschieden, verglichen, zugeordnet und entsprechend „beantwortet". Die „Antwort" geschieht letztlich in einem adäquaten Verhalten, einer adäquaten Reaktion.

In der Umwelt, in der wir leben, sind wir fast ständig solchen Reizen „ausgeliefert", d.h. unser Gehirn muß notgedrungen wählen, welcher

Reiz sinnvoll ist. Wäre dies nicht so, würden wir zwangsläufig in einem Chaos leben, das keine vernünftigen bzw. angemessenen Verhaltensweisen zulassen würde.

Wesentliche Hilfe bei der Strukturierung der Wahrnehmung und seiner Funktionen bietet die Motorik. In der Entwicklung des Menschen bilden sie eine untrennbare Einheit, denn jeder sensorische Reiz hat als Antwort eine motorische Reaktion zur Folge. Sie muß nicht immer deutlich sichtbar sein, denn man denke nur an Situationen, in denen sensorische Reize zu einer Erhöhung der Herzmuskeltätigkeit oder zu einer Mehrarbeit der Magenmuskulatur führen.

Aufgrund der engen Verknüpfung von Wahrnehmung und Motorik differenziert sich das taktil-kinästhetische Empfinden schon im sehr frühen Alter. Das Kind erhält ständig Informationen über die Haut-, Muskel- und Gelenkrezeptoren und kann so wahrnehmen, wie es seine Bewegungen steuern muß, um zu einem Ziel zu gelangen (Robben, Krabbeln, Aufstehen, Laufen). Nur über die Wahrnehmung erfährt das Kind, ob die entsprechenden Bewegungen „sinnvoll“ sind.

Wahrnehmung ist also ein Prozeß, der im Verlauf der Entwicklung zunehmend detaillierter wird. Die Auswahl bzw. Selektion von Reizen ist von entscheidender Bedeutung. Wichtige Reize werden von unwichtigen unterschieden, das Gehirn lernt im Verlauf der Entwicklung auszuwählen und zu vergleichen, indem es ein Gedächtnis aufbaut. Diese Auswahl erfolgt nach zwei Hauptkriterien. Erstens soll die Umwelt möglichst objektiv erfaßt werden, d.h. bestimmte „unveränderliche“ Merkmale der Umwelt müssen gespeichert und entsprechend wiedererkannt werden. Zweitens können darauf aufbauend dann „veränderliche“ Merkmale zugeordnet werden. Der Begriff „rund“ beispielsweise ist als solcher ein unveränderliches Merkmal. „Rund“ kann aber gleichzeitig auch „groß“, „klein“, „rot“ oder „schwer“ bedeuten. Ein Kind wird dieses erfahren, wenn es z.B. mit verschiedenen Bällen spielt.

Selektion von Reizen betrifft aber auch individuelle Faktoren, also solche, die im Menschen (intraphysisch und intrapsychisch) wirksam werden. Die Auswahl der Reize ist beispielsweise abhängig von inneren Zuständen wie emotionaler Gestimmtheit (Freude, Angst), von momentanen Bedürfnissen (Hunger, Durst), von der momentanen Lebenssituation (unterschiedliche Erwartungshaltung) und schließlich auch vom jeweiligen Alter des Menschen (jüngere Menschen nehmen andere Reize wahr als ältere).

Darüber hinaus ist die Selektion der Reize auch von der Motivation und Einstellung zu bestimmten Dingen, Ereignissen oder Themen abhängig. Wahrnehmungen lassen sich somit auch erzeugen, wenn sie bewußt gesucht werden. Dies können bereits Säuglinge, die nach der Mutterbrust suchen. Dies geschieht nicht nur, weil der Hunger gestillt wird, sondern auch, weil der Säugling „bewußt“ die Nähe und das Geborgenheitsgefühl wahrnehmen will.

Ein weiterer wichtiger Entwicklungsschritt in der Wahrnehmungsentwicklung geschieht, wenn das Kind beginnt, serial wahrzunehmen. Seriale Wahrnehmung bedeutet, daß Sequenzen als solche erkannt werden. Es lernt z.B., daß bestimmte Bewegungen wiederholt werden können oder müssen, wenn man einen gleichen oder ähnlichen Effekt erzielen möchte. Wenn es einen Bauklotz von sich wirft, kann es hinterherkrabbeln und ihn wiederbekommen. Je öfter es dieses Verhalten zeigt, um so eher wird es sich in ähnlichen Situationen daran erinnern, so daß im weiteren Verlauf Handlungen bewußt geplant werden können.

Die Entwicklung der Wahrnehmung ist jedoch, wie die der anderen Entwicklungsbereiche, von vielfältigen Störungen begleitet. Mögliche Ursachen für Wahrnehmungsstörungen lassen sich zunächst grob unterteilen in

- Organische Ursachen (Schädigungen des Gehirns vor, während oder nach der Geburt sowie Schädigungen der Sinnesorgane)
- Umweltbedingte oder deprivative Ursachen (Mangel an Reizen)

In den meisten Fällen trifft man allerdings eine Kombination verschiedener Ursachen, die sich gegenseitig bedingen oder verstärken. Ein Kind, daß wegen eines angeborenen Herzschadens lange in einer Klinik verbleiben muß, kann weniger Reize empfangen und speichern. Es kann sich nicht so bewegen wie ein gesundes Kind, es nimmt weniger von der Umwelt wahr. Organische und deprivative Ursachen sind in diesem Fall gleichermaßen wirksam.

Eine andere Einteilung der Ursachen für Wahrnehmungsstörungen läßt sich bilden, wenn man die Störungsbilder den einzelnen Sinnesmodalitäten zuordnet. So kann man u.a. folgende Störungen unterscheiden:

- visuelle Wahrnehmungsstörungen

in der visumotorischen Koordination, in der Figur-Grund-Unterscheidung, in der Formkonstanz, im Erkennen der Lage im Raum und der räumlichen Beziehungen,

– akustische Wahrnehmungsstörungen

in der akustischen Differenzierung von Lauten und Geräuschen, in der Codierungsschwäche,

– taktile Wahrnehmungsstörungen

in verstärkter oder schwacher Hautsensibilität,

– kinästhetische und vestibuläre Störungen

in schwachen Gleichgewichtsfunktionen.

Auch bei dieser Unterteilung ist davon auszugehen, daß ein Störungsbild nicht allein vorhanden ist, sondern in der Regel werden sie kombiniert auftreten, auch in Kombination mit motorischen Störungen.

Was dies für ein Kind bedeutet, kann man sich sehr leicht verdeutlichen, wenn man sich folgende Situation vorstellt:

Ein Kind möchte mit seinen Freunden Ball spielen. Wenn es visumotorische Störungen hat, wird es Schwierigkeiten haben, den Ball zu fangen, er wird ihm immer wieder aus den Händen fallen. Natürlich stört dies den Spielablauf, die anderen Kinder werden ungeduldig, fangen eventuell an, das Kind zu hänseln. Es wird sich zurückziehen, nicht mehr Ball spielen wollen, weil es dort keinen Erfolg sieht. Der Rückzug wiederum hindert es daran, motorische und visuell-koordinative Fähigkeiten zu üben. Es wird für diese Situation zum Außenseiter, vermutlich ohne daß den Eltern oder Lehrern der Grund dafür ersichtlich ist. Unsicherheit und Mißverständnisse der Erwachsenen führen dann sehr schnell zur Erkenntnis: „Dieses Kind ist verhaltensgestört, es spielt nicht wie die anderen Kinder!“

Es wird deutlich, daß eine gestörte Wahrnehmung, verbunden mit motorischen Störungen, die Entwicklung der gesamten Persönlichkeit eines Kindes prägt. Fühlen, Denken und Handeln werden maßgeblich, zumeist negativ, beeinflußt. Selbstsicheres und selbstbewußtes Auftreten in den vielfältigen Situationen, die ein Kind bewältigen muß, können sich nicht so entwickeln, wie es erwartet wird. Wird keine Hilfestellung gegeben, wird dieses Kind auch als Erwachsener noch darunter zu leiden haben. Ein frühzeitiges Erkennen solcher Störungen ist deshalb eine äußerst wichtige Aufgabe, die von allen, die mit Kindern zu tun haben, sei es beruflich oder in anderer Form, verantwortungsbewußt wahrgenommen werden sollte.

## 2.4 Sensorische Integration

Der Begriff *„Sensorische Integration"* ist in den letzten Jahren zunehmend in den Vordergrund gerückt, wenn von kindlicher Entwicklung gesprochen wird. Die Integration der Sinne (Sehen, Hören, Fühlen, Riechen, Schmecken) bedeutet in diesem Zusammenhang zunächst das Ordnen der auf das menschliche Gehirn einströmenden Impulse, sowohl der von außen als auch der von innen kommenden. Alle Impulse, die das Gehirn aufnimmt, werden in irgendeiner Weise verarbeitet. Um daraus für den Menschen ein „Bild" von sich und seiner Umwelt zu erzeugen, werden die allermeisten Impulse ausgefiltert. Da auch das Gehirn der zeitlichen Abfolge des Lebens unterworfen ist, kann es nicht gleichzeitig unendlich viele Reize verarbeiten. Es ist darauf angewiesen, bestimmte relevante Reize auszuwählen und miteinander so zu verbinden, zu „integrieren", daß ein sinnvolles Ergebnis entsteht.

Sensorische Integration ist somit die wichtigste Aufgabe bei der Verarbeitung von Sinnesreizen. Ohne diese Fähigkeit wären wir nicht in der Lage, uns und unsere Umwelt so zu empfinden, wie wir es in jedem Moment unseres Lebens tun. Jede Bewegung, jede Handlung und damit jedes Verhalten einschließlich aller Denkvorgänge sind abhängig von (überwiegend) intakten Integrationsleistungen.

Damit dies noch deutlicher wird, kann man sich vorstellen, was bei einer Integrationsleistung geschieht, wenn man das folgende Beispiel betrachtet.

Das Balancieren über einen schmalen Balken ist für die meisten Menschen eine schwierige Aufgabe, wenn sie es zum ersten Mal versuchen. Warum? Was macht diese Aufgabe so schwer?

Wenn wir uns diese Situation vorstellen, so erinnern wir uns schnell an eigene Versuche. Wir mußten

1) genau hinschauen, damit wir abschätzen konnten, wie breit der Balken war (visuelle Reize),
2) mit den Füßen tasten, wo wir auftreten mußten (taktile Reize),
3) unseren Körper möglichst in der Senkrechten halten, eventuell mit ausgestreckten Armen (vestibuläre Reize), und
4) wahrscheinlich auch eine gewisse Angst überwinden, diese Herausforderung überhaupt anzugehen (Reize aus unserer Gefühlswelt).

Wenn wir dann jedoch nach einigen Anläufen die Aufgabe bewältigen konnten, waren wir stolz. Unser Selbstbewußtsein konnte wieder ein paar Punkte auf der „Haben-Seite“ verbuchen. Je öfter wir dann diese Aufgabe scheinbar mühelos lösen konnten, desto automatisierter wurden unsere Bewegungen. Wir konnten sogar unsere Sinne für andere Reize öffnen. Wir hörten plötzlich alle Geräusche um uns herum, wir konnten nach anderen Dingen schauen und mußten nicht ständig den Blick auf den Balken richten.

Was ist dabei passiert? Eigentlich nichts anderes als eine immer besser funktionierende „Sensorische Integration“. Es entstand eine (fast) optimale Verbindung und Zusammenarbeit von Wahrnehmungs- und Bewegungsreizen.

Natürlich haben wir als Erwachsene noch zusätzliche Möglichkeiten, dieses Ziel zu erreichen. Mit unserem großen Erfahrungsschatz und unserer Fähigkeit, Handlungen vorab zu planen und eventuell in Gedanken durchzuspielen, sollten uns derartige Probleme, wie sie am Beispiel des Balkens genannt wurden, relativ wenig zu schaffen machen.

Kinder haben diese Fähigkeiten z.T. auch, aber natürlich nicht in gleichem Maße. Handlungen zu planen ist für sehr viele von ihnen ein großes Problem, vor allem dann, wenn Wahrnehmung und Motorik noch nicht entsprechend ausgereift sind. So sieht man immer wieder, daß manche Kinder selbst einfache Abläufe einer Spielhandlung nicht nachvollziehen können, weil sie noch nicht in der Lage sind, „serial“ zu denken und zu handeln.

Die Verknüpfung der ankommenden Reize geschieht in ungeordneten, nicht aufeinander abgestimmten Bahnen, so daß die unterschiedlichen Reizantworten des Gehirns miteinander kollidieren. Visuelle und akustische Reize werden nicht in entsprechender Art und Weise mit taktil-kinästhetischen und vestibulären Reizen in Beziehung gebracht, so daß so ein Kind nicht erkennt, welche Reaktion auf welchen Reiz erfolgen muß. Die „Sensorische Integration“ ist gestört und dies führt zwangsläufig bei Kindern zu Problemen, den normalen Alltagsanforderungen und den dabei auftretenden Streßsituationen gerecht zu werden. Es werden u.a. folgende Symptome beobachtet :

- Wahrnehmungsstörungen
- Gleichgewichtsstörungen
- Lernschwierigkeiten
- Überaktivität und Ablenkbarkeit
- Sprachentwicklungsstörungen
- Verhaltensauffälligkeiten

Alle genannten Symptome können in Kombination auftreten, so daß die Beurteilung solcher Kinder oft schwierig wird, will man Ursachen für bestimmte, nicht erwartete Verhaltensweisen oder Schwierigkeiten finden.

Möglichkeiten, die sensorische Integration zu verbessern, gibt es viele und sie werden in der Regel von ausgebildeten Fachleuten (Ergotherapie, Krankengymnastik) in therapeutischer Absicht eingesetzt und genutzt. Aber wenn man davon ausgeht, daß sensorische Integration beim Menschen in jeder Sekunde seines Lebens mehr oder weniger gut geschieht, sollten Verbesserungsmöglichkeiten nicht nur therapeutische Relevanz haben.

Wie bereits beschrieben, ist das Spiel als elementare Verhaltensweise des Menschen zu sehen. Im Spiel und vor allem im Bewegungsspiel geschieht sensorische Integration sozusagen automatisch. Alle Sinne werden beansprucht, alle Reize müssen schnell und sicher gefiltert und geordnet werden, alle Reizantworten müssen so koordiniert werden, daß das Ziel eines Bewegungsspiels erreicht wird. Das Bewegungsspiel bietet somit allen Kindern die Chance zur Verbesserung ihrer sensorischen Integrationsfähigkeiten.

## 3. Zielsetzung

Als Möglichkeit der Förderung von Kindern wird die „Psychomotorische Erziehung“ bzw. die „Psychomotorische Übungsbehandlung“ in Einrichtungen und Institutionen wahrgenommen, in denen behinderte oder entwicklungsgestörte Kinder betreut werden, also in Sonderschulen, in sozialpädagogischen Einrichtungen, in der Kinder- und Jugendpsychiatrie, in Beratungsstellen etc.

Dadurch entsteht gerade bei Eltern der Eindruck, daß es sich dabei um eine medizinisch-psychologische bzw. heilpädagogische orientierte Therapieform handelt, die sich nur auf eine Randgruppe bezieht. Die Tatsache, daß psychomotorische Erziehung für die Förderung aller Kinder, auch der sog. „Normalen“, sinnvoll und notwendig ist, wird dabei viel zu wenig beachtet.

Eines der Hauptziele dieses Buches ist es deshalb, einen Weg aufzuzeigen, wie auch die Inhalte der psychomotorischen Erziehung mittels Bewegung und Spiel für alle Kinder eingesetzt werden können. Das bedeutet, daß insbesondere Eltern ohne pädagogisch-psychologische Vorkenntnisse Hilfestellungen und Anregungen erhalten, wie sie in der Familie, in Eltern-Kind-Gruppen, in Spielkreisen, in der Freizeit die Entwicklung ihrer Kinder positiv beeinflussen können.

Ausgehend von einer ganzheitlichen Betrachtung der kindlichen Persönlichkeit ergeben sich Teilaspekte, auf die eine psychomotorische Praxis in Spielform entsprechend einwirken kann. Diese Teilaspekte lassen sich inhaltlich voneinander unterscheiden:

### 1) Förderung der Motorik

Förderung der Motorik beinhaltet u.a. eine allgemeine Verbesserung

- der Grobmotorik,
- der Feinmotorik,
- der Koordinationsfähigkeit,
- des Gleichgewichts,
- der Bewegungsgeschwindigkeit,
- der Bewegungsdynamik,
- der Bewegungsgenauigkeit,
- der Geschicklichkeit.

**2) Förderung von Wahrnehmungsfunktionen**

Förderung von Wahrnehmungsfunktionen beinhaltet u.a. eine Verbesserung

➭ *der visuellen Wahrnehmung*

(Visumotorik, Figur-Grund-Unterscheidung, Erkennen der Lage im Raum und der räumlichen Beziehungen, Körperschema)

➭ *der akustischen Wahrnehmung*

(Merkfähigkeit, Laut- und Geräuschunterscheidung, Unterscheidung von Rhythmen, Unterscheidung von Begriffen, Orientierung im Raum)

➭ *der taktilen Wahrnehmung*

(Reagieren auf Berührung und Bewegung, Körperbewußtsein)

**3) Förderung von Sprache**

Förderung von Sprache beinhaltet u.a. eine Verbesserung

➭ der verbalen Ausdrucksfähigkeit,

➭ des Wortschatzes,

➭ der Fähigkeiten zur Begriffsbildung und -unterscheidung.

**4) Förderung sozialer Fähigkeiten**

Förderung sozialer Fähigkeiten beinhaltet u.a. die Entwicklung und Verbesserung

➭ der Kommunikations- und Interaktionsmöglichkeiten,

➭ der Kontaktfähigkeit,

➭ der Gruppenfähigkeit.

Darüberhinaus ergeben sich weitere Teilaspekte der Persönlichkeit, die über das Spiel in hohem Maße mitbeeinflußt werden. Selbstsicherheit und Selbstwertgefühl werden aufgebaut, Ängste und Hemmungen abgebaut. Neugier, Sensibilität und Kreativität erfahren wichtige Impulse. Im Spiel erkennt das Kind aber auch Grenzen, die es ihm ermöglichen, Frustrationen zu ertragen und Toleranz gegenüber den Partnern zu entwickeln.

## 3.1 Auswahl der Spiele

Die Auswahl der Spiele ergab sich aus der Zielsetzung. Wir haben versucht, jedes Spiel einem ganz bestimmten Teilaspekt der kindlichen Entwicklung zuzuordnen. Daraus entstand eine Systematik, die es möglich macht, Spiele gezielt für bestimmte Förderbereiche auszuwählen (vgl. Kapitel 12). Es war nicht möglich, alle Spiele eindeutig zuzuordnen, da es in den meisten Fällen solche Spiele sind, die verschiedenen Bereichen der kindlichen Entwicklung gleichermaßen entsprechen. Es wurde deshalb der Aspekt des jeweiligen Spieles herausgefiltert, der einem bestimmten Entwicklungsbereich am nächsten kommt.

Die Spiele sind z.T. bekannt, z.T. wurden sie zusammen mit Kindern „erarbeitet" und benannt. Wir haben uns auf solche Spiele beschränkt, die in kleineren oder größeren Gruppen durchgeführt werden können. Auf eine Altersangabe haben wir bewußt verzichtet, da wir davon ausgehen, daß ein Spiel dann altersgemäß ist, wenn es vom Kind angenommen und gespielt wird.

## 3.2 Zur Durchführung

Die Durchführung der Spiele sollte sich grundsätzlich an allgemeinen Erkenntnissen der Entwicklungspsychologie orientieren. Die Spielinhalte sollten in verständlicher Form erklärt werden; d.h., daß der Erwachsene eine kindgerechte Form der Sprache verwenden sollte, um die Art und die Regeln des jeweiligen Spiels darzustellen. Er sollte den Spielverlauf nicht genau nach den vorgegebenen Regeln steuern, sondern den Kindern genügend kreativen Freiraum lassen, ein Spiel nach ihren Bedürfnissen zu verändern. Die Motivation des einzelnen Kindes, aktiv am Spielgeschehen teilzunehmen, kann dadurch entscheidend beeinflußt werden.

Aus eigener Erfahrung möchten wir auch darauf hinweisen, daß das Mitspielen des oder der Erwachsenen sich in vielen Fällen als sehr wichtig erwiesen hat. Gerade im Spiel hat das Kind nicht nur mit Gleichaltrigen die Möglichkeit, seine „Kräfte" zu messen, sondern in der spielerischen Auseinandersetzung (auch) mit Erwachsenen macht es Erfahrungen, die ihm seine „Ich"-Findung erleichtern. Und nicht zuletzt ist es für jeden Erwachsenen ein Erlebnis, vielleicht „vergessene" Kindheitserlebnisse wieder neu zu entdecken.

Die meisten Spiele können sowohl drinnen als auch draußen gespielt werden. Naturgemäß brauchen Bewegungsspiele einen gewissen Platz, den sicher nicht alle Eltern ihren Kindern in der Wohnung oder im

Garten bieten können. Irgendwo wird sich trotzdem eine freie Fläche finden (Pausenhof von Schulen, Rasenfläche im Park, Spielstraßen etc.), die genutzt werden kann. Eventuell kann man sich auch einem Sportverein anschließen, der möglicherweise das Konzept der spielerischen Bewegungsförderung in seinem Programmangebot verwirklicht hat oder verwirklichen wird. Größere Räume kann man auch in vielen Gemeinschaftshäusern oder Jugendzentren nutzen, auch die Kirchengemeinden bieten oft Räume in den Gemeindehäusern für Eltern-Kind-Gruppen an. Grundsätzlich wollen wir damit sagen, daß es immer Bewegungsmöglichkeiten gibt, wenn zusätzlich die Erwachsenen den Kindern helfen, sie zu schaffen.

## 3.3 Verwendung von Material

Über Bewegung und Spiel entwickeln Kinder ihre Sicherheit, sich mit ihren Körpern und ihren Bewegungen auf variable Materialien einzustellen und mit ihnen umzugehen. Das heißt, daß die verwendbaren Spielmaterialien vielseitig einsetzbar sein sollten. So kann ein Seil sowohl zum Ziehen, zum Knoten, zum Legen von Figuren als auch zur Darstellung von Hindernissen dienen. Ebenso lassen sich Haushaltsgegenstände (Teller, Tassen, Schüsseln, Eimer etc.) zum Vergleichen von Geräuschen, aber auch im Rollenspiel oder im Wettkampf als Spielmaterial verwenden. Ein Rollbrett kann zugleich Auto, Schiff und Flugzeug darstellen, daneben aber auch in Kombination mit anderen Gegenständen eine ganz andere Funktion erfüllen.

Zu den Spielen, bei denen Material erforderlich ist, haben wir entsprechende Angaben gemacht. Es erscheint uns jedoch wichtig, darauf hinzuweisen, daß es in der Praxis nicht erforderlich ist, genau diese Materialien zu verwenden. Vielmehr kommt es darauf an, das Material, das zu Verfügung steht, in entsprechender Weise an ein Spiel „anzupassen". Ein Gymnastikstab kann beispielsweise durch eine Gardinenstange, ein Gymnastikkegel durch eine (Plastik-) Flasche, ein Sprungkasten durch einen Pappkarton ersetzt werden.

Vieles, was im Spiel Verwendung findet, läßt sich selbst anfertigen. Ein Rollbrett, ein Schwebebalken oder ein Sandsäckchen sind mit ein wenig Geschick in der „häuslichen Werkstatt" schnell hergestellt. Und nicht zuletzt ist es für Kinder ein Erlebnis, wenn sie mithelfen und ihre Spielmaterialien selbst gestalten (vgl. Miedzinski, 1983). Der Phantasie beim Erfinden und Entdecken neuer „Spielmaterialien" sind somit keine Grenzen gesetzt.

# 4. Motorik

Der Begriff „Motorik“ bezeichnet alles das, was mit den Bewegungen und den Bewegungsabläufen des menschlichen Körpers zusammenhängt.

Die Entwicklung der Persönlichkeit eines Menschen geschieht in der Kindheit in erster Linie durch den Aufbau von Bewegung und Wahrnehmung. Zunächst lernt ein Kind, einzelne Körperteile so zu bewegen, daß daraus sinnvolle Handlungen entstehen können. Es greift z.B. nach einem Gegenstand, hält diesen fest, läßt ihn wieder fallen und wiederholt diese Handlung so lange, bis es diesen Gegenstand optimal beherrscht. In diesem Stadium spielen neben der Motorik auch Wahrnehmungsprozesse eine wichtige Rolle. Wahrnehmung und Motorik entwickeln sich demnach nicht unabhängig voneinander, sondern es bestehen Wechselwirkungen zwischen diesen Bereichen.

Der Begriff Motorik läßt sich u.a. in folgende Bereiche untergliedern :

- Grobmotorik / Feinmotorik
- Koordination
- Gleichgewicht / Balance
- Bewegungsgeschwindigkeit
- Bewegungsgenauigkeit

Mit Grobmotorik werden solche Bewegungen und Bewegungsabläufe bezeichnet, die den ganzen Körper mit einbeziehen. Feinmotorik dagegen bezeichnet solche Bewegungen, die zielgerichtet und deshalb besonders genau sind.

Um die Bewegungen aufeinander abzustimmen, bedarf es einer guten Koordinationsfähigkeit. Um einen Ball fangen zu können, muß der gesamte Körper auf den Ball zu bewegt werden. Die Arme müssen nach oben, nach unten oder seitwärts bewegt werden, und die Hände müssen bei der Ballberührung sicher zugreifen. Koordination setzt somit eine gute Grob- und Feinmotorik voraus.

Der Begriff Motorik beinhaltet jedoch weit mehr als nur Bewegung. Die Vielseitigkeit der Bewegungsmöglichkeiten vermittelt dem Kind das Erkennen des eigenen Körpers, des Raumes, der Eigenschaften von Gegenständen und Personen. Es sammelt vielseitige Bewegungseindrükke, es eignet sich einen Bewegungsschatz an, der es befähigt, sich mit seiner Umwelt auseinanderzusetzen. Durch die Beherrschung des Körpers und seiner Bewegungen findet das Kind seine Selbstbestätigung und Selbständigkeit.

Im folgenden Abschnitt sind Spiele aufgeführt, die hauptsächlich zur Förderung der Motorik, daneben aber auch für andere Entwicklungsbereiche eingesetzt werden können.

## 4.1 Spiele zur Förderung der Motorik

### Ball berühren

- *Material:* Bälle
- *Durchführung:*

  Vor jedem Kind liegt ein Ball. Der Spielleiter benennt nun jeweils ein Körperteil (z.B. Kopf, Stirn, Ellbogen, Knie etc.) Auf ein Zeichen berühren alle Kinder den Ball mit dem genannten Körperteil.
- *Variation:*

  a) Ein großer Ball wird in die Mitte gelegt und alle Kinder sollen diesen gleichzeitig mit den Körperteilen berühren.

  b) Man kann versuchen, den Ball mit mehreren Körperteilen gleichzeitig zu berühren.
- *Zielsetzung:*

  Fördert die Koordinationsfähigkeit und das Körperimago.

  In diesem Spiel lernen die Kinder, ihre Bewegungen zielgerichtet und genau auszuführen. Es werden Erfahrungen über einzelne Körperteile und deren Bewegungsmöglichkeiten gemacht.

### Ball wegdrücken

- *Material:* Bälle verschiedener Größe
- *Durchführung:*

  Zwei Spieler legen sich auf den Bauch, mit den Köpfen zueinander. Dazwischen wird ein Ball gelegt, den sie mit den Händen über eine vorher gezogene Linie drücken sollen.

- *Variation:*

  a) Der Ball kann (nach Umdrehen) mit den Füßen weggedrückt werden.

  b) Es können zwei Bälle verwendet werden.

- *Zielsetzung:*

  Fördert die Grobmotorik, übt die Kraftdosierung von Armen und Beinen.

  In diesem Spiel erfahren die Kinder, wie sie ihre Kraft und Beweglichkeit aufeinander abstimmen müssen, um zum Erfolg zu kommen.

## Bewegungspantomime

- *Material:* kein Material
- *Durchführung:*

  Die Kinder sollen versuchen, Bewegungen von Menschen, Tieren oder Maschinen darzustellen (z.B. Clown, Seiltänzer, Polizist bei Verkehrsregelung, Fußballspieler, Discotänzer, Elefant, Gazelle, Vogel, Krokodil, Roboter, Dampfhammer, Lokomotive).

- *Variation:*

  Die Pantomime kann sowohl stumm als auch mit entsprechenden Geräuschen gespielt werden.

- *Zielsetzung:*

  Fördert Grob- und Feinmotorik.

  In diesem Spiel erleben die Kinder sich selbst in verschiedenen Rollen. Kreativität und Phantasie werden angeregt, neue Bewegungsmuster ausprobiert.

## Bockspringen

- *Material:* kein Material
- *Durchführung:*

  Die Kinder stellen sich in einigem Abstand hintereinander auf und beugen dabei den Oberkörper nach vorn, wobei sie sich mit den Händen auf den Knien bzw. Oberschenkeln abstützen. Der letzte in der Reihe beginnt mit dem Springen über seine Vorderleute und stellt sich vorn in der Reihe wieder auf. Die übrigen folgen auf die gleiche Weise.

- *Variation:*

  a) Die Höhe der „Böcke“ bzw. die Abstände dazwischen können verändert werden.

  b) Nach einem Sprung kann man durch die Beine des nächsten „Bokkes“ kriechen.

  c) Auf ein Zeichen drehen sich alle „Böcke“ um 180°, so daß die Sprungrichtung entgegengesetzt verläuft.

*Zielsetzung:*

Fördert die Grobmotorik und das Gleichgewicht.

In diesem Spiel werden Sprungkraft und Sprungsicherheit gefördert. Gleichgewicht und das Gefühl für rhythmische Bewegungen, aber auch Reaktionsschnelligkeit sind weitere Aspekte, die dieses Spiel vermittelt.

## Cowboyreiten

- *Material:* Seile, Kreide o.ä.
- *Durchführung:*

  Die Kinder stellen Cowboys dar, die durch die Prärie reiten. Irgendwo wird ein Seil ausgelegt, das den Rand eines steilen Abgrunds darstellt. Die Kinder „reiten“ schnell darauf zu und bremsen plötzlich ab, damit sie nicht hinunterfallen. Sie reiten zurück und beginnen neu.

- *Variation:*

  a) Zwei Seile werden so gelegt, daß sie einen Graben darstellen, über den die Kinder springen müssen. Die Breite des Grabens variiert von Spiel zu Spiel.

  b) Ein Kind nimmt ein anderes „Huckepack“. So haben die Cowboys „Pferde“, mit denen sie durch die Prärie reiten.

- *Zielsetzung:*

  Fördert die Grobmotorik und die Koordinationsfähigkeit.

  In diesem Spiel lernen die Kinder, ihre Bewegungen aufeinander abzustimmen und zu kontrollieren. Durch die Identifikation mit der Rolle eines Cowboys bzw. Pferdes wird die Phantasie angeregt. Krafteinsatz, Geschicklichkeit und Gleichgewicht werden gleichermaßen angesprochen.

## Das Radfangspiel

- *Material:* Radfänger, Räder, Pedalo
- *Durchführung:*

  Der Radfangspieler rollt das Rad mit dem Radfänger so schnell wie möglich auf vorher festgelegten Strecken (gerade, kurvige, eckige, Slalom- oder Hindernisstrekken) zu einem Partner. Dieser übernimmt das Rad und rollt es zurück.

- *Variation:*

  a) Die Kinder können das Rad mit dem Radfänger rollen, während sie auf dem Pedalo fahren.

  b) Das Spiel kann als Wettkampf in Form einer Staffel gespielt werden.

  c) Wie b), aber von einem bestimmten Punkt der Strecke wird das Rad dem nächsten Spieler der Gruppe zugerollt, der es mit seinem Radfänger einfangen muß, bevor er sich auf den Weg macht.

- *Zielsetzung:*

  Fördert die Koordinationsfähigkeit und Bewegungssicherheit.

  In diesem Spiel wird von den Kindern Geschicklichkeit, Schnelligkeit und Aufmerksamkeit verlangt. Visuelle Wahrnehmung und Motorik werden gleichermaßen gefördert.

## Das Tausendfüßlerspiel

- *Material:* kein Material
- *Durchführung:*

  Mehrere Kinder knien hintereinander und ergreifen jeweils die Fußgelenke des Vordermannes. Nun bewegt sich der Tausendfüßler im gleichen Takt der Beine durch den Raum.

- *Variation:*

  a) Es können Hindernisse aufgebaut werden, die der Tausendfüßler überwinden muß.

  b) Der Tausendfüßler kann sich rückwärts oder seitwärts bewegen.

- *Zielsetzung:*

  Fördert die Grobmotorik und die Koordinationsfähigkeit.

  In diesem Spiel lernen die Kinder, sich rhythmischen Bewegungen anzupassen. Eigene Bewegungen müssen mit denen anderer Kinder koordiniert werden. Der Körperkontakt zu den Mitspielern erleichtert das Erkennen der Bewegungsmuster und deren Nachahmung.

**Der Maler auf Rädern**

- *Material:* Pedalo, Wandtafel (oder Tapetenreste), Kreide (oder Bunt-, Filzstifte)

- *Durchführung:*

  Ein Kind stellt sich auf das Pedalo und fährt langsam an der Tafel entlang. Dabei werden mit der Kreide Linien (gerade Linien, Wellenlinien, Spiralen etc.) an die Tafel gemalt. Dann wird gewechselt und der nächste „Maler" fügt neue Linien (in einer anderen Farbe) hinzu, so daß schließlich ein großes buntes Wandgemälde entsteht.

- *Variation:*

  a) Es wird vorher festgelegt, mit welcher Hand gemalt wird.

  b) Die Augen werden verbunden, so daß die Kinder „blind" malen müssen.

  *Zielsetzung:*

  Fördert die Koordinationsfähigkeit.

  In diesem Spiel lernen die Kinder, gleichzeitig verschiedene Bewegungsmuster miteinander zu koordinieren. Bestimmte Muster werden stabilisiert und automatisiert, so daß davon unabhängige Handlungen sicher ausgeführt werden können.

## Der Wasserträger

- *Material:* Becher, Eimer, Tassen o.ä., Rollbrett, Pedalo
- *Durchführung:*

  Es werden zwei Gruppen gebildet, die sich gegenüberstehen. Jede Gruppe bekommt ein Gefäß. Das der ersten Gruppe wird mit Wasser gefüllt. Der erste Spieler trägt das gefüllte Gefäß zur anderen Gruppe und schüttet das Wasser in deren Gefäß um. Nun wird das Wasser zurück zur ersten Gruppe getragen und die Stafette geht bis zum letzten Spieler hin und her. Es sollte natürlich möglichst wenig Wasser verloren gehen.
- *Variation:*

  a) Um den Spaß zu erhöhen, fahren die Wasserträger auf den Rollbrettern (selbst oder von einem Partner geschoben) oder auf den Pedalos.

  b) Dieses Spiel eignet sich gut als Wettspiel, wenn genügend Kinder mitmachen.
- *Zielsetzung:*

  Fördert die Bewegungsgenauigkeit und die Koordinationsfähigkeit.

  In diesem Spiel lernen die Kinder, ihre Bewegungen genau zu steuern. Konzentration und Kontrolle der Bewegungen werden verbessert.

## Die Weltkugel

- *Material:* Gymnastikreifen
- *Durchführung:*

  Mit den Reifen wird durch geschicktes Zusammenstellen eine Kugelform hergestellt.

Durch die Öffnungen zwischen den einzelnen Reifen versuchen die Kinder hindurch zu kriechen, ohne die Reifen zu berühren. Durch Hinzufügen weiterer Reifen werden die Öffnungen immer kleiner, so daß der Schwierigkeitsgrad erhöht wird.

- *Variation:*

  a) Das Hindurchkriechen kann rückwärts versucht werden.

  b) Sind genügend Reifen vorhanden, können zwei Kugeln gebaut werden und als Hindernisse in einem Wettlauf verwendet werden.

- *Zielsetzung:*

  Fördert die Bewegungsgenauigkeit und die Koordinationsfähigkeit.

  In diesem Spiel lernen die Kinder, ihre Bewegungen genau zu steuern. Konzentrierte, langsame Bewegungen werden geübt, die Kontrolle über die Bewegungen wird verbessert.

## Die Zeitungsente

- *Material:* Zeitungspapier, Scheren, Filzstifte

- *Durchführung:*

  Aus einem Stück Zeitung schneidet jedes Kind eine Ente aus, die es vorher mit Filzstiften aufgezeichnet hat. Nun legt es sie vor sich hin und versucht durch Pusten oder Wedeln mit einer gefalteten Zeitung die Ente zu „jagen“.

- *Variation:*

  a) Es wird ein Kreis auf den Boden gemalt, der einen Teich darstellt. Die Enten werden in den Teich bzw. heraus gejagt.

  b) Zwei Kinder jagen gleichzeitig eine Ente. Wer sie in den Teich bekommt, ist Sieger.

- *Zielsetzung:*

  Fördert die Mundmotorik und die Geschicklichkeit.

  In diesem Spiel kommt es darauf an, durch genaues Pusten einen Gegenstand zu bewegen. Die Mundmotorik spielt hierbei eine wesentliche Rolle; sie ist u.a. Voraussetzung für eine gute Sprachentwicklung.

## Doppelrammbock

- *Material:* Stäbe (Besenstiele), Kegel (Flaschen)
- *Durchführung:*

Zwei Kinder stehen mit den Rükken zueinander. Zwischen den gegrätschten Beinen wird ein Stab gehalten. Vor den Kindern werden in einem bestimmten Abstand die Kegel aufgestellt. Die Kinder sollen versuchen, den jeweils vor ihnen stehenden Kegel mit dem Stab umzustoßen.

- *Variation:*

a) Zwei Stäbe werden jeweils mit einer Hand seitlich am Körper gehalten. Es soll versucht werden, zwei oder mehrere Kegel umzustoßen.

- *Zielsetzung:*

Fördert die Bewegungsgenauigkeit.

In diesem Spiel lernen die Kinder, sich selbst zu behaupten. Sie werden motiviert, trotz eines Widerstandes genaue Bewegungen auszuführen.

## Fliegen fangen

- *Material:* Ball
- *Durchführung:*

Die Kinder bilden einen Kreis. Ein Kind wird gewählt, das sich in den Kreis stellt. Die Kinder werfen sich nun den Ball (die Fliege) zu, wobei das Kind im Kreis versuchen muß, diesen zu fangen. Fängt es den Ball, kommt das Kind in den Kreis, das zuletzt geworfen hat.

- *Variation:*

  a) Der Ball kann geprellt oder mit dem Fuß geschossen werden.

  b) Wer die „Fliege“ fängt, darf sich einen Partner wählen, der ihm in der nächsten Runde hilft.

- *Zielsetzung:*

  Fördert die Reaktionsschnelligkeit.

  In diesem Spiel wird Geschicklichkeit und Reaktionsschnelligkeit verlangt. Visuelle Wahrnehmung und Motorik werden gleichermaßen gefördert.

## Gladiatorenkampf

- *Material:* kein Material
- *Durchführung:*

  Zwei Kinder stellen sich mit verschränkten Armen gegenüber auf. Auf ein Zeichen versuchen sie, sich gegenseitig durch Drücken und Schieben aus dem Gleichgewicht zu bringen.

- *Variation:*

  Die Kinder können sich Rücken an Rücken aufstellen.

- *Zielsetzung:*

  Fördert die Grobmotorik und das Gleichgewicht.

  In diesem Spiel erfahren die Kinder ein hohes Maß an Körperkontrolle. Reaktionsschnelligkeit und Gleichgewicht werden beansprucht und gefördert. Die eigene Durchsetzungskraft und das Wissen um körperliche Fähigkeiten werden gestärkt.

## Handtuchziehen

- *Material:* Handtücher oder andere Tücher
- *Durchführung:*

  Zwei Kinder sitzen sich gegenüber und nehmen ein Handtuch mit den Zehen auf. Auf ein Zeichen versuchen sie, sich gegenseitig das Tuch zu entreißen.

- *Variation:*

  a) Das Handtuch wird nur mit einem Fuß gehalten.

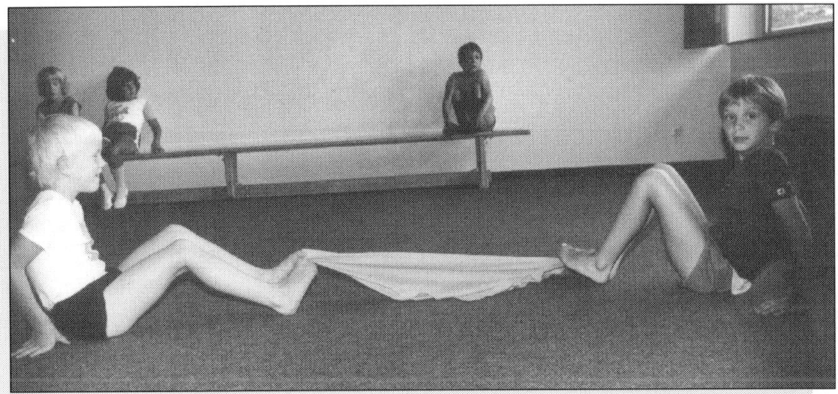

b) Das Handtuchziehen kann auch von mehreren Kindern gleichzeitig durchgeführt werden, so daß alle zusammen an dem Tuch ziehen. Sieger ist, wer als letzter das Tuch festhalten kann.

c) Es können Tücher aus verschiedenen Stoffen verwendet werden, um so den unterschiedlichen Krafteinsatz zu erkennen.

- *Zielsetzung:*

Fördert die Feinmotorik.

In diesem Spiel wird den Kindern bewußt, wie einzelne Körperteile unabhängig von der Gesamtmotorik bewegt werden können. Neben der Motorik spielt hier auch die taktile Wahrnehmung eine wichtige Rolle.

## Hindernislauf

- *Material:* Holzklötze, Kästen, Pappkartons, Kegel, Bälle u.ä.
- *Durchführung:*

Die Gegenstände werden als „Hindernisse" verteilt. Die Kinder sollen versuchen, nacheinander um die Hindernisse herumzugehen (-laufen), ohne sie zu berühren oder umzustoßen.

- *Variation:*

a) Die Kinder sollen versuchen, über die Hindernisse zu steigen, ohne sie zu berühren.

b) Die Kinder sollen versuchen, rückwärts über die Hindernisse zu steigen bzw. um sie herumzugehen.

c) Die Kinder sollen versuchen, über die Hindernisse zu springen (auch auf einem Bein).

d) Das Spiel kann als Mannschaftsspiel (Staffel) gespielt werden.

- *Zielsetzung:*

  Fördert die Grob- und Feinmotorik sowie die Koordinationsfähigkeit.

  In diesem Spiel lernen die Kinder, ihre Bewegungen den Umweltgegebenheiten anzupassen. Durch die verschiedenartigen Hindernisse werden sie angeregt, ständig neue Bewegungsmuster auszuführen. Weitere Ziele dieses Spiels sind die Förderung von Gelenkigkeit und Gewandtheit.

## Hürdenlauf

- *Material:* Laufdosen, Reifen, Seile, Kästen, Kegel o.ä.
- *Durchführung:*

  Es wird eine Slalomstrecke mit Hürden aus den vorhandenen Materialien aufgebaut. Nun soll jedes Kind versuchen, so schnell wie möglich auf den Laufdosen die Slalomstrecke zu durchlaufen, wobei die Hindernisse überwunden werden müssen.

- *Variation:*

  a) Die Slalomstrecke kann rückwärts durchlaufen werden.

  b) Der Hürdenlauf kann als Mannschaftsspiel (Staffel) gespielt werden.

- *Zielsetzung:*

  Fördert die Grob- und Feinmotorik sowie das Gleichgewicht.

  In diesem Spiel lernen die Kinder, ihre Bewegungen so zu koordinieren, daß sie nicht aus dem Gleichgewicht kommen. Der Wettkampfcharakter des Spiels motiviert sie, ihre Geschicklichkeit zu verbessern.

## Kartoffeln abschlagen

- *Material:* Kartoffeln, Löffel
- *Durchführung:*

  Jedes Kind bekommt eine Kartoffel und zwei Löffel. Auf den einen Löffel wird die Kartoffel gelegt und balanciert. Mit dem zweiten Löffel soll versucht werden, die Kartoffeln der anderen Kinder herunterzuschlagen. Es ist nicht erlaubt, auf die Arme oder Hände zu schlagen.

- *Variation:*

  Das Spiel kann im Laufen, Gehen, Hüpfen durchgeführt werden, so daß sich die Schwierigkeitsgrade ändern.

- *Zielsetzung:*

  Fördert die Schnelligkeit und die Sicherheit von Bewegungen.

  In diesem Spiel muß konzentriert das eigene Bewegungsverhalten und das der anderen Kinder beobachtet werden. Reaktionsschnelligkeit und Gewandtheit werden geübt und gefördert.

## Klotz am Bein

- *Material:* langes Seil, Gegenstände für Hindernisbahn, Luftballons

- *Durchführung:*

  Die Kinder klemmen sich Luftballons zwischen die Zehen und laufen so schnell sie können über die Hindernisbahn. Am Ende springen sie über das Seil ins Ziel.

- *Variation:*

  a) Wer einen Ballon verliert, muß an der Startlinie neu beginnen.

  b) Das Spiel kann im Laufen oder Hüpfen durchgeführt werden.

- *Zielsetzung:*

  Fördert die Bewegungsgenauigkeit.

  In diesem Spiel kommt es darauf an, die Bewegungen so zu kontrollieren, daß trotz der Behinderung durch die Ballons das sichere Laufen gelingt. Körperwahrnehmung und Motorik werden gleichzeitig gefördert.

## Krokodilkampf

- *Material:* kein Material
- *Durchführung:*

  Zwei Kinder legen sich mit den Köpfen zueinander auf den Bauch. Sie gehen dann in den Liegestütz und bringen sich gegenseitig aus dem Gleichgewicht, indem sie versuchen, sich die Arme wegzureißen.
- *Variation:*

  Die Kinder können versuchen, sich aus dem Gleichgewicht zu bringen, indem sie mit den Schultern gegenseitig drücken.
- *Zielsetzung:*

  Fördert das Gleichgewicht.

  In diesem Spiel erfahren die Kinder, wie durch kleine Korrekturen der Körper (trotz Störungen) im Gleichgewicht gehalten werden kann.

## Luftballontreten

- *Material:* Luftballons
- *Durchführung:*

  Jedes Kind bekommt einen Luftballon an einen Fuß gebunden. Nun soll versucht werden, die Luftballons der Mitspieler zu zertreten, wobei natürlich der eigene Luftballon geschickt verteidigt wird. Wer zuletzt seinen Ballon noch hat, ist Sieger.
- *Variation:*

  Die Kinder hüpfen nur auf dem Bein, an dem der Luftballon befestigt ist.

- *Zielsetzung:*

  Fördert die Bewegungsgeschwindigkeit und -genauigkeit.

  In diesem Spiel werden Reaktionsschnelligkeit und Geschicklichkeit gefördert. Schnelles Ausweichen und zielsicheres Luftballontreten erfordern ein hohes Maß an Konzentration und Bewegungsgenauigkeit.

## Luftballon-Volleyball

- *Material:* Luftballon, Strohhalme
- *Durchführung:*

  Die Kinder verteilen sich im Raum (auf dem Rasen) und stoßen sich mit den Strohhalmen den Ballon zu. Jeder Spieler darf den Ballon nur einmal berühren und der Ballon darf den Boden natürlich nicht berühren. Es ist auch darauf zu achten, daß jeder Mitspieler drankommt.
- *Variation:*

  a) Statt des Strohhalms kann auch ein Finger (je nach Absprache Zeigefinger, Ringfinger, kleiner Finger etc.) benutzt werden.

  b) Es wird ein Seil gespannt und zwei Mannschaften spielen „Luftballon-Volleyball".
- *Zielsetzung:*

  Fördert die Bewegungsgenauigkeit und die Geschicklichkeit.

  In diesem Spiel werden zielgerichtete Bewegungen mit dosiertem Krafteinsatz geübt. Reaktionsschnelligkeit und Geschicklichkeit der Körperbewegungen werden geschult.

## Korken schnipsen

- *Material:* Flaschen, Korken, Pedalo
- *Durchführung:*

  An einer Pedalo-Fahrstrecke werden links und rechts Flaschen aufgestellt, auf die die Korken lose aufgelegt werden. Die Kinder sollen nun versuchen, während der Fahrt auf dem Pedalo, die Korken mit den Fingern herunterzuschnipsen. Dabei soll das Pedalo möglichst in Fahrt gehalten werden.

- *Variation:*

  Das Spiel kann als Wettkampf durchgeführt werden, wobei der gewinnt, der in einer bestimmten Zeit die meisten Korken getroffen hat.

- *Zielsetzung:*

  Fördert die Bewegungsgenauigkeit und -geschwindigkeit.

  In diesem Spiel lernen die Kinder, ihre Bewegungen genau zu steuern und zu kontrollieren. Die Förderung der visumotorischen Koordination ist ein weiterer Aspekt dieses Spiels.

## Nicht fallen lassen

- *Material:* Münzen, Tischtennisbälle, große Bälle, Spiel- u. Postkarten, Stäbe, Kegel, Pappbecher, Löffel u.ä.

- *Durchführung:*

  Die Kinder sitzen oder stehen im Kreis. Der Gegenstand, der benutzt wird, soll so schnell wie möglich im Kreis herumgegeben werden, ohne daß er herunterfällt.

- *Variation:*

  a) Den Gegenstand nur mit einer Hand weitergeben.

  b) Bälle und andere runde Gegenstände auf einem Teller oder Tablett weitergeben.

  c) Den Gegenstand (Karten u.ä.) mit den Füßen weitergeben.

  d) Auf ein Zeichen kann die Weitergaberichtung geändert werden (links herum, rechts herum).

  e) Mehrere Gegenstände werden gleichzeitig weitergegeben.

- *Zielsetzung:*

  Fördert die Feinmotorik und die Reaktionsschnelligkeit.

  In diesem Spiel wird das sichere Beherrschen von Hand- und Armbewegungen geübt. Aufmerksamkeit und Konzentration sind notwendig, um die Handlungen sicher ausführen zu können.

## Pilze sammeln

- *Material:* Rollbrett, Kegel, Reifen
- *Durchführung:*

  Die Kegel werden im Raum verteilt; sie stellen Pilze im Wald dar. Der Reifen wird in eine Ecke des Raumes gelegt; er stellt die Pilzsammelstelle dar. Ein Kind sitzt oder kniet auf dem Rollbrett, während ein anderes Kind schiebt. Das Kind auf dem Rollbrett soll versuchen, während der Fahrt soviel „Pilze" wie möglich zu sammeln und zur „Sammelstelle" zu bringen. Wer die meisten Pilze in einer bestimmten Zeit gesammelt hat, ist Sieger.

- *Variation:*

  Das Spiel kann als Wettkampf zwischen zwei gleichzeitig fahrenden Mannschaften gespielt werden.

- *Zielsetzung:*

  Fördert die Koordinationsfähigkeit

  In diesem Spiel wird den Kindern bewußt, welche körperlichen Möglichkeiten sie haben, um Gegenstände zu transportieren. Ein zielsicheres Zugreifen in der Bewegung und das Abschätzen von Entfernungen sind abhängig von einer guten visuellen Wahrnehmung und Visumotorik.

## Prellballroller

- *Material:* Pedalo, Ball, langes Seil
- *Durchführung:*

  Ein Kind fährt auf dem Pedalo und prellt einen Ball vor sich her. Während der Fahrt versucht es, immer weiter in die Hocke zu gehen, damit es unter einem durch den Raum gespannten Seil durchfahren kann.

- *Variation:*

  a) Die Kinder teilen sich in zwei Gruppen auf. Jede Gruppe steht an einer Seite des Raumes. Der erste Fahrer einer Gruppe überbringt den Ball der anderen Gruppe, der ihn aufnimmt . Das Spiel läuft so lange, bis alle Kinder jeweils hin- und zurückgefahren sind.

  b) Es kann vorher festgelegt werden, mit welcher Hand geprellt wird.

  c) Die Höhe des gespannten Seiles kann verändert werden.

- *Zielsetzung:*

  Fördert die Koordinationsfähigkeit.

  In diesem Spiel lernen die Kinder, gleichzeitig verschiedene Bewegungsmuster miteinander zu koordinieren. Dabei muß die Aufmerksamkeit ständig zwischen den verschiedenen Bewegungen wechseln. Dies erfordert ein hohes Maß an Konzentration. Der hohe Aufforderungscharakter des Pedalos vermittelt den Kindern Freude, neue Bewegungen zu probieren.

## Ringreiterspiel

- *Material:* Pedalo, langes Seil, Gummiringe, Stäbe

- *Durchführung:*

  An einem Seil, das in Kopfhöhe gespannt ist, werden in Abständen die Gummiringe befestigt. Die Kinder stellen Reiter dar, die auf ihren „Pferden“ (den Pedalos) an der Strecke entlang „reiten“ und mit den Stäben die Ringe aufspießen.

- *Variation:*

  a) Statt der Ringe können Luftballons befestigt werden, die mit einer Nadel an der Spitze des Stabes getroffen werden sollen. VORSICHT, nur für geübte Pedalofahrer!

  b) Zwei Gruppen „reiten" um die Wette, die Gruppe mit den meisten Ringen gewinnt einen Preis.

- *Zielsetzung:*

  Fördert die Koordinationsfähigkeit und das Gleichgewicht.

  In diesem Spiel lernen die Kinder, ihre Bewegungen zielgerichtet und genau auszuführen. Das Fahren auf dem Pedalo fördert das Gleichgewichtsgefühl und die Koordination der gesamten Körpermotorik.

## Schiffe beladen

- *Material:* Stehkreisel, Bälle, Kästen

- *Durchführung:*

  Die Kinder balancieren auf den Stehkreiseln, die kleine schwankende Boote darstellen. Am Ende der Reihe befindet sich ein nach oben offener Kasten, der einen großen Frachter darstellt.

  Die Kinder werfen sich die Bälle zu. Der Letzte in der Reihe legt sie dann in den Kasten. Es ist darauf zu achten, daß keine „Ladung" verloren geht.

- *Variation:*

  a) Die Abstände zwischen den Stehkreiseln können verändert werden.

  b) Das Spiel kann als Wettkampf zwischen zwei Mannschaften gespielt werden.

- *Zielsetzung:*

  Fördert das Gleichgewicht und die Koordinationsfähigkeit.

  In diesem Spiel müssen die Kinder gleichzeitig das Gleichgewicht halten und Handlungen mit Gegenständen ausführen. Körperkontrolle und Bewegungssicherheit werden gefördert.

## Schnurwickeln

- *Material:* Schnur, Papprolle o.ä.
- *Durchführung:*

  Zwei Kinder stehen sich gegenüber. Während eines der Kinder die Papprolle hält, auf der die Schnur aufgerollt ist, nimmt das andere Kind das Ende der Schnur und läuft so lange rückwärts, bis die Schnur abgewickelt ist. Nun muß das Kind, das die Papprolle hält, die Schnur so schnell wie möglich wieder aufwickeln.
- *Variation:*

  Dieses Spiel kann als Wettkampf durchgeführt werden, wobei zwei Gruppen ermitteln, wer am schnellsten wickeln kann.
- *Zielsetzung:*

  Fördert die Bewegungsgeschwindigkeit und die Feinmotorik.

  In diesem Spiel kommt es darauf an, sich auf die eigenen Bewegungen zu konzentrieren, um sie sicher und schnell ausführen zu können.

## Schubkarrenrennen

- *Material:* Tücher, (Schwebe-) Balken, Kästen u.ä.
- *Durchführung:*

  Zwei Kinder bilden eine Mannschaft. Eines der Kinder geht in den Liegestütz und grätscht die Beine, so daß das zweite Kind sie bis in Hüfthöhe aufnehmen kann. Sie bilden nun zusammen eine Schubkarre. Alle Mannschaften nehmen an einer Linie Aufstellung und „schieben" auf ein Zeichen zum Ziel.
- *Variation:*

  a) Das „geschobene" Kind bekommt die Augen verbunden.

  b) Das „schiebende" Kind bekommt die Augen verbunden.

  c) Die „Schubkarre" kann auch gezogen werden (rückwärts laufen).

  d) Die „Schubkarre" wird bis zu einer Wendemarke geschoben, dann wechseln die Kinder schnell die Rollen.

  e) Balken, Kästen o.ä. können als Hindernisse aufgestellt werden, die während des Rennens überwunden werden müssen.

- *Zielsetzung:*

  Fördert die Koordinationsfähigkeit und die Bewegungsgeschwindigkeit.

  In diesem Spiel werden Bewegungsgeschwindigkeit, Krafteinsatz und Ausdauer gefördert. Gleichzeitig erleben die Kinder die Bewegungen des Partners und lernen, sich diesen anzupassen, so daß ein rhythmischer Bewegungsablauf entsteht.

## Seiltanz

- *Material:* langes Seil oder Ziehtau
- *Durchführung:*

  Alle Kinder bewegen sich an einem Seil entlang, das auf dem Boden liegt. Ein Kind macht eine Gangart vor, z.B. Balancieren vorwärts oder rückwärts, auf einem Bein hüpfen etc. Die anderen Kinder ahmen die Gangarten nach.

- *Variation:*

  a) Schwieriger wird es, wenn die Kinder auf dem Seil balancieren müssen.

  b) Es werden mehrere Seile benötigt, auf denen jeweils eine Mannschaft so schnell wie möglich Gegenstände von einer Seite zur anderen transportieren soll.

- *Zielsetzung:*

  Fördert das Gleichgewicht.

  In diesem Spiel lernen die Kinder, ihren Körper zu kontrollieren und ihre Geschicklichkeit beim Balancieren zu verbessern.

## Tauziehen

- *Material:* langes, dickes Ziehtau
- *Durchführung:*

  Es werden zwei Mannschaften gebildet. Jede Mannschaft steht an einer Seite und nimmt das Tau auf. Auf ein Zeichen beginnen sie gleichzeitig zu ziehen, wobei versucht werden soll, das Seilende über eine festgelegte Linie zu bringen.

- *Variation:*

  a) Die Mannschaften stehen sich mit den Rücken gegenüber.

  b) Es wird nur mit einer Hand gezogen.

- *Zielsetzung:*

  Fördert die Grobmotorik und die Geschicklichkeit.

  In diesem Spiel erfahren die Kinder die Grenzen ihres Körpereinsatzes. Durch das gemeinsame Ziel werden sie angespornt, ihre Leistung zu steigern. Willens- und Durchsetzungskraft werden erhöht, das gemeinsame Überwinden von Widerstand verschafft den Kindern Befriedigung.

## Tücherfangen

- *Material:* Kleine bunte Tücher
- *Durchführung:*

  Jedes Kind steckt sich ein Tuch in den Hosenbund, so daß es sichtbar bleibt und leicht zu ergreifen ist. Jeder versucht nun, möglichst viele Tücher der anderen Mitspieler zu fangen. Das eigene Tuch wird natürlich geschickt verteidigt.

- *Variation:*

  a) Wer hat in einer bestimmten Zeit die meisten Tücher gefangen?

  b) Wer schafft die meisten Tücher einer bestimmten Farbe?

  c) Die Tücher können auch z.B. in die Strümpfe, in den Ärmel, in die Hosentaschen gesteckt werden. Sie müssen jedoch immer sichtbar sein, so daß man sie greifen kann.

- *Zielsetzung:*

  Fördert die Grobmotorik und die Bewegungsgeschwindigkeit.

  In diesem Spiel wird sehr viel Geschicklichkeit, Gewandtheit und visuelle Aufmerksamkeit verlangt.

## Zitronenwettlauf

- *Material:* Zitronen, Bleistift
- *Durchführung:*

  Jedes Kind bekommt eine Zitrone und einen Bleistift. Nun soll versucht werden, so schnell wie möglich die Zitrone mit dem Bleistift zu einer Ziellinie zu treiben. Sie darf auf keinen Fall mit den Händen berührt werden.

- *Variation:*

  a) Es können kleine Hindernisse aufgebaut werden, um die die Zitrone herum laufen muß (Flaschen, Becher, Kegel etc.).

  b) Nach der halben Strecke werden die Hände gewechselt, so daß der Schwierigkeitsgrad erhöht wird.

- *Zielsetzung:*

  Fördert die Koordination von Auge und Hand (Visumotorik).

  In diesem Spiel kommt es darauf an, genau den Lauf der Zitrone zu beobachten. Da sie nicht wie ein Ball rollt, erfordert es hohe Handgeschicklichkeit, sie so zu bewegen, daß sie ihr Ziel erreicht. Visuelle Wahrnehmung und Motorik müssen zusammen eingesetzt werden.

## Zugmaschine

- *Material:* Rollbrett, Pedalo, Stäbe, Seile, Kreide

- *Durchführung:*

  Mit den Stäben (mit Seilen oder Kreide) werden Straßen auf dem Boden markiert. Die Kinder liegen mit dem Bauch auf dem Rollbrett und ergreifen das Pedalo. Nun ziehen sie sich durch Vorwärtsdrehen des Pedalos durch die „Straßen".

- *Variation:*

  a) Statt auf dem Bauch zu liegen, können die Kinder auf dem Rollbrett knien.

  b) Werden zwei Pedalos zusammengebaut, können zwei Kinder gleichzeitig auf nebeneinander fahrenden Rollbrettern Zugmaschinen spielen.

- *Zielsetzung:*

  Fördert die Koordinationsfähigkeit.

  In diesem Spiel lernen die Kinder, mit Gegenständen umzugehen und ihre Bewegungen anzupassen. Kraft und Ausdauer werden erhöht, neue Bewegungsmuster werden geübt. Das Hineindenken in eine Rolle motiviert und regt die Phantasie an.

# 5. Visuelle Wahrnehmung

Der Begriff „Visuelle Wahrnehmung" bedeutet die Fähigkeit, Informationen, die über die Augen aufgenommen werden, zu erkennen, zu unterscheiden und zu interpretieren, indem sie mit früheren Erfahrungen verglichen und zugeordnet werden.

Visuell wahrnehmen heißt also nicht nur, gut zu sehen, sondern das Gesehene zu interpretieren und mit Denkprozessen zu verknüpfen. Wenn jemand z.B. die Linien eines Dreiecks sieht, erfolgt die Aufnahme der Information über die Netzhaut der Augen. Die Erkenntnis jedoch, daß es sich bei dieser Anordnung von Linien um ein Dreieck handelt, geschieht durch den Vergleich mit im Gedächtnis gespeicherten, ähnlichen Formen. Gleichzeitig werden in dieser Situation aber auch Denkprozesse angeregt („Was kann ich damit anfangen, wozu dient es?" etc.), so daß visuelle Wahrnehmung keine isolierte Funktion bleibt.

Visuelle Wahrnehmung bildet die Grundlage für das Erlernen von Lesen, Schreiben, Rechnen, aber ebenso für alle anderen Fähigkeiten, die zur Entwicklung der Persönlichkeit eines Menschen gehören. Visuelle Wahrnehmung ermöglicht das sichere Steuern und Erkennen der Bewegungen, aber auch das Reagieren auf Veränderungen der Umwelt.

Der Begriff „Visuelle Wahrnehmung" läßt sich u.a. nach folgenden Bereichen unterscheiden :

- Visumotorische Koordination
- Figur-Hintergrund-Unterscheidung
- Konstanz der Wahrnehmung
- Wahrnehmung der Lage im Raum
- Wahrnehmung räumlicher Beziehungen

Mit visumotorischer Koordination wird die Fähigkeit bezeichnet, das Sehen mit den Bewegungen des Körpers oder Teilen des Körpers in sinnvoller Weise zu verbinden. Wenn man läuft, springt, einen Ball tritt oder fängt, aber auch wenn man schreibt, werden die Augen zur Lenkung der Bewegungen (der Hände, Füße, des ganzen Körpers) eingesetzt. Die komplikationslose Durchführung beinahe jeder Handlungsfolge hängt von einer ungestörten Koordination von visueller Wahrnehmung und Bewegung ab.

Um die Bedeutung der Figur-Hintergrund-Unterscheidung zu verstehen, muß man sich veranschaulichen, daß diejenigen Gegenstände oder Personen in unserer Umwelt am deutlichsten hervortreten, auf die man seine Aufmerksamkeit richtet. Alle anderen Objekte „verschwinden" mehr oder weniger im Hintergrund und sind somit momentan von untergeordneter Wichtigkeit; sie werden deshalb auch nicht sicher wahrgenommen. Die Konzentrationsfähigkeit auf bestimmte Objekte, seien es Personen in einer großen Gruppe oder bestimmte Symbole (Buchstaben, Zahlen) an einer Schultafel, ist in hohem Maße abhängig von der Fähigkeit, eine Figur vor einem Hintergrund zu unterscheiden.

Aufgrund der Konstanz der Wahrnehmung sind wir fähig, bestimmte Eigenschaften eines Gegenstandes oder einer Person wie Form und Größe wahrzunehmen, unabhängig von der Farbe, des Hintergrundes oder des Blickwinkels. Eine Uhr wird immer als Uhr erkannt, egal ob sie groß oder klein, rund oder eckig, ob sie am Arm getragen wird oder am Kirchturm zu sehen ist.

Wahrnehmung der Lage im Raum bezeichnet die Fähigkeit, zu erkennen, wo sich Gegenstände und Personen in bezug zu sich selbst befinden. Betrachtet man sich selbst als im Mittelpunkt der Umgebung befindlich, so können Gegenstände oder Personen als vor, hinter, über, unter, links oder rechts bestimmt werden.

Unter Wahrnehmung räumlicher Beziehungen wird dagegen die Fähigkeit verstanden, die Lage von Gegenständen oder Personen in bezug zueinander zu erkennen.

Wahrnehmung der Lage im Raum und Wahrnehmung räumlicher Beziehungen sind nicht immer eindeutig voneinander zu trennen. Sie sind aber wichtige Grundlagen für die Orientierung im Raum. Die Erkenntnis, daß z.B. ein Hindernis vor uns auftaucht, wird uns veranlassen, unser ursprüngliches Verhalten zu ändern, um das Hindernis zu umgehen oder zu überwinden. Das Wiedererkennen von bestimmten Anordnungen beispielsweise der Häuser läßt ein Kind wissen, daß dies die Straße ist, in der es wohnt.

Die Entwicklung der visuellen Wahrnehmung ist in hohem Maße mit der Entwicklung der Motorik verbunden. Ein Kind, das eine gestörte Wahrnehmung hat, wird sich in seiner Umwelt schlechter orientieren können, es fühlt sich unsicher, gehemmt und vielleicht sogar ausgeklammert aus der Gemeinschaft. Das Nichtverstehen von Informationen, die es über seine Augen aufnimmt, kann ein solches Kind daran hindern, seine motorischen Fähigkeiten zu entwickeln. Ist z.B. die visumotorische

Koordination nicht ausgereift, wird es Schwierigkeiten haben, einen Ball zu fangen; im Extremfall bedeutet das jedoch, nicht mit anderen Kindern spielen zu können. Hat das Kind Probleme im Verstehen räumlicher Beziehungen, wird es große Schwierigkeiten haben, sich außerhalb der vertrauten Umgebung zu orientieren.

Im folgenden Abschnitt sind Spiele aufgeführt, die hauptsächlich zur Förderung der visuellen Wahrnehmung, daneben aber auch für andere Entwicklungsbereiche eingesetzt werden können.

## 5.1 Spiele zur Förderung der visuellen Wahrnehmung

### Alles im Eimer

- *Material:* Luftballons, Zeitungen, Eimer, Kästen o.ä.
- *Durchführung:*

  Jedes Kind bekommt einen Luftballon und eine zusammengerollte Zeitung. Alle stellen sich an einer Startlinie auf. Der Spielleiter gibt das Startzeichen, und die Kinder versuchen, den Ballon mit der Zeitung in die aufgestellten Eimer zu treiben. Dabei sollte der Ballon möglichst nicht den Boden berühren.

- *Variation:*

  a) Der Spieler, dessen Ballon den Boden berührt, muß an der Startlinie neu beginnen.

  b) Man darf sich gegenseitig daran hindern, den Ballon im Eimer zu plazieren. Dabei darf der eigene Ballon jedoch nicht vergessen werden.

c) Sind genügend Ballons vorhanden, wird nach erfolgreicher Ablage schnell ein neuer Ballon geholt und in den Eimer getrieben. Wer die meisten Ballons deponiert, wird Sieger.

- *Zielsetzung:*

  Fördert die Geschicklichkeit und die Auge-Hand-Koordination (Visumotorik)

  In diesem Spiel kommt es auf schnelles Reagieren an, damit der Luftballon in der Luft bleibt. Genaues Beobachten und koordinierte Bewegungen werden geübt und gefördert.

## Angelspiel

- *Material:* Pedalos, Angelspiel
- *Durchführung:*

  Die Fische aus dem Angelspiel werden an einer Pedalo-Fahrstrecke verteilt. Während der Fahrt versucht der Pedalo-Fahrer so viele Fische wie möglich zu fangen.

- *Variation:*

  a) Es wird vorher festgelegt, welche Fische gefangen werden dürfen (z.B. nur die Roten, nur die Großen etc.)

  b) Zwei oder mehrere Kinder angeln auf ihren Pedalos um die Wette.

  c) Sind nicht genug Fische vorhanden, können andere magnetische Gegenstände verwendet werden (Münzen, Metallknöpfe etc.)

- *Zielsetzung:*

  Fördert das Zusammenwirken von Auge und Hand (Visumotorik).

  In diesem Spiel werden feinmotorische Bewegungen geübt. Die Kinder werden motiviert, ihre Trefferausbeute zu erhöhen, so daß die Bewegungssicherheit und -genauigkeit verbessert werden.

## Autospiel

- *Material:* Kein Material.
- *Durchführung:*

  Die Kinder sollen sich vorstellen, sie seien Autos. Sie halten die Hände nach vorn und steuern so durch den Raum. Dabei müssen sie darauf achten, daß sie nicht mit anderen „Autos“ zusammenstoßen. Auf ein Zeichen des Spielleiters müssen alle „Autos“ anhalten bzw. weiterfahren.

- *Variation:*

  a) Die Kinder können Flugzeuge, Schiffe, Tiere u.ä. darstellen.

  b) Das Spiel kann im Gehen, im Laufen, im Rückwärtslaufen durchgeführt werden.

- *Zielsetzung:*

  Fördert das Erkennen räumlicher Beziehungen.

  In diesem Spiel erleben die Kinder sich selbst im Raum und in Bezug zu anderen und lernen, ihre Bewegungen zielsicher zu steuern. Gleichzeitig wird die Phantasie der Kinder angeregt, indem sie sich in bestimmte Rollen hineindenken.

## Ballwanderung

- *Material:* Bälle, Stehkreisel, Sprungkasten.

- *Durchführung:*

  Die Kinder stehen auf den Sprungkästen bzw. auf den Stehkreiseln und reichen die Bälle weiter. Dabei dürfen die Bälle nicht fallengelassen werden. Wer einen Ball dreimal fallenläßt, setzt eine Runde aus.

- *Variation:*

  a) Anstatt eine Runde auszusetzen, können auch kleine Aufgaben vereinbart werden, z.B. ein Lied singen, einen Reim aufsagen etc.

  b) Die Größe der Bälle kann variiert werden.

c) Der Ball kann entweder nur mit der linken oder rechten Hand weitergegeben werden.

- *Zielsetzung:*

  Fördert das Zusammenwirken von Auge und Hand (Visumotorik).

  In diesem Spiel wird das gezielte Ergreifen von Gegenständen geübt. Genaues Hinschauen ist dafür eine wichtige Voraussetzung. Gleichzeitig fördert das Spiel den Gleichgewichtssinn der Kinder.

## Büchsenwurf

- *Material:* Blechbüchsen o.ä., Bälle.
- *Durchführung:*

  Die Büchsen werden zu Pyramiden übereinander gestellt. Die Kinder sollen, versuchen, die Pyramide mit den Bällen umzuwerfen.

- *Variation:*

  a) Die Anzahl der Würfe kann begrenzt werden.

  b) Die Kinder versuchen sowohl mit der rechten als auch mit der linken Hand zu werfen.

  c) Pyramide kann auch umgerollt werden (wie beim Kegeln).

*Zielsetzung:*

Fördert das Zusammenwirken von Auge und Hand (Visumotorik).

In diesem Spiel werden zielgerichtete Bewegungen geübt, die über die Augen gesteuert werden. Die Kinder werden motiviert, ihre Trefferausbeute zu erhöhen, indem sie ihre Bewegungsgenauigkeit verbessern.

## Die Olympischen Ringe

- *Material:* farbige Gymnastikreifen, Laufdosen
- *Durchführung:*

  Die Reifen werden in Form der Olympischen Ringe auf den Boden gelegt. Falls keine farbigen Reifen vorhanden sind, werden sie durch Tücher oder Schilder farbig gekennzeichnet (rot, blau, grün, gelb, schwarz). Die Kinder stellen sich auf die Laufdosen und durchlaufen die Ringe nach Anweisungen. Diese könnten beispielsweise wie folgt lauten: „Gehe von Rot nach Grün, ohne Blau zu betreten!“

- *Variation:*

  Die Reifen können rückwärts oder seitwärts durchlaufen werden.

- *Zielsetzung:*

  Fördert das Erkennen räumlicher Beziehungen.

  In diesem Spiel lernen die Kinder, sich im Raum zu orientieren. In Verbindung mit den Laufdosen werden gleichzeitig der Gleichgewichtssinn und die Konzentration auf Bewegungsabläufe geschult.

## Der wandernde Ballon

- *Material:* Löffel, Luftballon, Kasten
- *Durchführung:*

  Im Kasten befindet sich der Luftballon. Die Kinder stehen im Kreis um den Kasten und haben alle einen Löffel in der Hand. Einer fängt das Spiel an, indem er mit dem Löffel den Ballon aus dem Kasten holt und ihn darauf balanciert. Dann gibt er ihn auf den Löffel des Nachbarn. Langsam wandert so der Ballon durch den Kreis und wird zum Schluß wieder in den Kasten befördert.

- *Variation:*

  a) Es können gleichzeitig mehrere Ballons durch den Kreis wandern.

  b) Derjenige, der einen Ballon fallen läßt, muß eine besondere Aufgabe lösen (z.B. ein Lied singen, einen Purzelbaum machen, eine Rechenaufgabe lösen etc. ).

- *Zielsetzung:*

  Fördert die Koordination von Auge und Hand.

  In diesem Spiel lernen die Kinder, ihre Hand- und Armbewegungen genau zu kontrollieren. Die visuelle Wahrnehmung spielt hierbei eine wesentliche Rolle, genaues Beobachten der Bewegungen ist notwendig.

## Eierlauf

- *Material:* Tischtennisschläger, Löffel, Bälle (große, kleine, leichte, schwere).
- *Durchführung:*

  Die Kinder legen einen Ball auf den Schläger oder Löffel und transportieren ihn zu einem Ziel. Dabei sind Hindernisse zu überwinden (Slalom, Übersteigen von Gegenständen etc.).

- *Variation:*

  a) Es wird in jeder Hand ein Schläger (Löffel) gehalten, so daß zwei Bälle gleichzeitig transportiert werden können.

  b) Das Spiel kann als Mannschaftsspiel durchgeführt werden (Staffellauf).

- *Zielsetzung:*

  Fördert das Zusammenwirken von Auge und Hand (Visumotorik).

  In diesem Spiel trainieren die Kinder ihre Bewegungsgeschicklichkeit. Das sichere Ausbalancieren der transportierten Bälle erfordert ein ständiges Hinschauen und konzentriertes Beobachten der eigenen Bewegungen.

## Figurenspiel

- *Material:* Seil, Kreide, Tafel, Augenbinde
- *Durchführung:*

  Es werden verschiedene Figuren an die Tafel gezeichnet (z.B. geometrische Figuren, Buchstaben, Zahlen). Die Kinder sollen versuchen, die vorgegebenen Figuren mit dem Seil auf dem Boden nachzulegen und anschließend nachzulaufen.

- *Variation:*

  a) Die Figuren werden erst gelegt und dann auf die Tafel gezeichnet.

  b) Ein Kind legt eine vorgegebene Figur, ein anderes Kind versucht mit verbundenen Augen die Figur zu ertasten.

- *Zielsetzung:*

  Fördert die Wahrnehmungskonstanz, das Erkennen räumlicher Beziehung und der Lage im Raum.

  In diesem Spiel wird das Wiedererkennen und Wiedergeben von Figuren und Formen (Symbolen) geübt. Damit werden wichtige Voraussetzungen für das Erlernen von Lesen und Schreiben geschaffen.

## Formen suchen

- *Material:* kein Material

- *Durchführung:*

  Ein Kind nennt eine Form, z.B.: „Es ist rund, dreieckig, viereckig." etc. In einer bestimmten Zeit müssen alle Kinder einen Gegenstand gefunden haben, der die genannte Form besitzt. Dabei soll darauf geachtet werden, daß anschließend der Gegenstand mit einem ganzen Satz beschrieben wird (z.B. „Der Tisch hat eine runde Platte.").

- *Variation:*

  a) Es können auch Farben, Muster genannt werden.

  b) Zu dem Gegenstand, den ein Kind nennt, soll anschließend eine kleine Geschichte erfunden werden.

- *Zielsetzung:*

  Fördert das Wiedererkennen gleicher und ähnlicher Gegenstände (Wahrnehmungskonstanz).

  In diesem Spiel lernen die Kinder, Gegenstände ohne Rücksicht auf Unterschiede in Größe, Farbe, Anordnung, des Hintergrundes und Betrachtungswinkels wiederzuerkennen.

## Heiße Kartoffeln

- *Material:* Bälle
- *Durchführung:*

  Alle Kinder stehen im Kreis und werfen sich einen Ball zu, der eine „heiße Kartoffel“ darstellt und so schnell wie möglich weitergeworfen werden muß.
- *Variation:*

  a) Es können mehrere „heiße Kartoffeln“ im Spiel sein.

  b) Auf ein (Zauber-) Zeichen wird aus der Kartoffel ein rohes Ei, das besonders vorsichtig gefangen und geworfen werden muß. Andere Verzauberungen sind je nach Phantasie möglich.
- *Zielsetzung:*

  Fördert das Zusammenwirken von Auge und Hand (Visumotorik).

  In diesem Spiel wird schnelles Reagieren, genaues Werfen und Fangen verlangt. Die Konzentration und Aufmerksamkeit auf Gegenstände in der Bewegung ist notwendig, um bei diesem Spiel erfolgreich zu sein.

## Hund an der Leine führen

- *Material:* große, kleine Bälle, Kegel u.ä.
- *Durchführung:*

  Jedes Kind hat einen Stab und führt mit ihm einen Ball durch den Raum.

  Dabei ist darauf zu achten, daß der „Hund“ sich nicht von der „Leine“ losreißt, d.h. der Ball muß ständig vom Stab berührt werden.
- *Variation:*

  a) Man kann Hindernisse aufbauen und den Ball herumführen.

  b) Die Kinder sollen versuchen, den Ball mit geschlossenen Augen zu führen.

c) Das Spiel kann als Wettkampf durchgeführt werden.

- *Zielsetzung:*

  Fördert das Zusammenwirken von Auge und Hand (Visumotorik)

  In diesem Spiel wird die feinmotorische Bewegungsführung gefördert. Die Sicherheit im Umgang mit Gegenständen und die Konzentration auf eigene Bewegungen werden erhöht.

## Klatschspiel

- *Material:* große, kleine Bälle
- *Durchführung:*

  Die Kinder sitzen im Kreis auf dem Boden. Jedes Kind hat einen Ball, wirft ihn hoch, klatscht in die Hände und fängt ihn wieder auf.

- *Variation:*

  a) Die Kinder versuchen, zwei-, drei- oder mehrmals zu klatschen.

  b) Der Ball kann an eine Wand geprellt werden, wobei zwischendurch ebenfalls in die Hände geklatscht wird.

  c) Das Spiel kann auch im Stehen oder Laufen gespielt werden.

- *Zielsetzung:*

  Fördert das Zusammenwirken von Auge und Hand (Visumotorik).

  In diesem Spiel wird das gezielte Ergreifen von Gegenständen geübt. Das rhythmische Element im Spielablauf motiviert die Kinder zur Leistungssteigerung. Genaues Hinschauen und Beobachten des Balles fördert das Einschätzen von Bewegungen.

## Laufspiel

- *Material:* Kreide, Tafel
- *Durchführung:*

  Der Spielleiter zeichnet eine Figur an die Tafel. Ein Kind läuft die Figur nach. Ist es am Ausgangspunkt angelangt, schließen sich die anderen Kinder an, so daß alle gemeinsam die vorgegebene Figur nachlaufen.

- *Variation:*

  a) Die Kinder hüpfen die Figur auf einem Bein nach.

b) Die Kinder laufen die Figuren rückwärts nach.

c) Ein Kind läuft eine Figur, die von den anderen Kindern erraten werden muß und anschließend an die Tafel gemalt wird.

- *Zielsetzung:*

Fördert das Erkennen räumlicher Beziehungen und der Lage im Raum.

In diesem Spiel wird das Wiedererkennen und Wiedergeben von Figuren und Formen (Symbolen) geübt. Durch das Nachlaufen erfahren die Kinder in der Bewegung, wie Formen und Figuren gebildet werden (Richtungsänderungen, Winkel, verschiedene Streckenlängen).

## Parkplatzsuche

- *Material:* große Reifen
- *Durchführung:*

Die Reifen werden im Raum verteilt. Jeder Reifen stellt einen Parkplatz dar.

Die Kinder stellen sich vor, sie seien Autos und laufen durch den Raum, wobei sie natürlich nicht miteinander zusammenstoßen dürfen. Auf ein Zeichen (Pfiff, Händeklatschen etc.) müssen sie so schnell wie möglich einen Parkplatz aufsuchen und dort parken, bis das Signal zur Weiterfahrt gegeben wird. Während der „Fahrt" können Fahrgeräusche verschiedener Autos nachgeahmt werden (Rennwagen, LKW, PKW etc.).

- *Variation:*

Nach jeder Fahrrunde wird ein Parkplatz entfernt, so daß jedesmal ein Kind (Auto) übrigbleibt. Sieger ist, wer den letzten Parkplatz besetzen kann.

- *Zielsetzung:*

Fördert das Erkennen räumlicher Beziehungen und der Lage im Raum.

In diesem Spiel lernen die Kinder die Orientierung im Raum, wobei Reaktionsschnelligkeit und Konzentrationsfähigkeit geschult werden.

## Platzanweiserspiel

- *Material:* bunte Tücher
- *Durchführung:*

  Jedes Kind bekommt ein Tuch und bindet es sich um das Handgelenk. Ein Kind spielt einen Platzanweiser im Kino (Zirkus, Theater etc.) und hat die Aufgabe, die anderen Kinder nach Anweisung des Spielleiters auf die Plätze zu bringen. Die Anweisungen können lauten : „ Bring` das Kind mit dem roten Tuch auf den ersten Platz. Bring` nun das Kind mit dem gelben Tuch auf den Platz links neben das erste Kind, dann das Kind mit dem grünen Tuch auf den Platz hinter dem Kind mit dem roten Tuch!" etc. Nach und nach werden alle Kinder zu den Plätzen gebracht, wobei Begriffe wie „links, rechts, vor, hinter, neben" etc. geübt werden.
- *Variation:*

  a) Jedes Kind sucht nach Anweisung seinen Platz selbst.

  b) Während die Kinder zu ihren Plätzen gehen, sollen sie laut sagen, wohin sie gehen und sich setzen (z.B. „Ich gehe in die zweite Reihe und setze mich links neben Richard mit dem gelben Tuch.").

  c) Dieses Spiel eignet sich auch als Tischspiel für ein einzelnes Kind, wobei verschiedenfarbige Gegenstände (Knöpfe, bemalte Korken etc.) auf vorgegebene Plätze eine Spielfeldes gesetzt werden.
- *Zielsetzung:*

  Fördert das Erkennen der Lage im Raum.

  In diesem Spiel wird das Erkennen von Beziehungen zwischen Gegenständen und Personen geübt. Das Annehmen verschiedener Rollen fördert gleichzeitig die Phantasie und Kreativität.

## Riesenmikado

- *Material:* Rhythmikholzstäbe
- *Durchführung:*

  Es werden ca. 20 bis 30 Rhythmikholzstäbe senkrecht in einem Bündel aufrecht gehalten und dann gleichzeitig fallengelassen. Nun versuchen die Kinder nacheinander jeweils so viele Stäbe wie möglich wegzunehmen, ohne daß sich die noch liegenden Stäbe bewegen.

- *Variation:*

  a) Jeweils 2 Kinder „arbeiten“ gemeinsam, wobei eines Anweisungen gibt, nach denen der Partner die Stäbe hochnimmt.

  b) Es wird vorher festgelegt, wieviel Punkte die Stäbe bringen (z.B. rot = 10, grün = 20 etc.).

  c) Nach jedem erfolgreichen Aufnehmen eines Stabes sollen die Kinder eine Zusatzübung durchführen, um sich anschließend wieder zu konzentrieren (z.B. über ein Hindernis springen, eine Rolle vorwärts oder rückwärts ausführen etc.).

- *Zielsetzung:*

  Fördert das Zusammenwirken von Auge und Hand (Visumotorik).

  In diesem Spiel wird die feinmotorische Bewegungsführung bei genauer visueller Kontrolle gefördert. Es erfordert eine hohe Konzentration und verlangt eine gute Handlungsplanung, um die Stäbe zu erkennen, die als nächstes aufgenommen werden können.

## Ringe fangen

- *Material:* Stäbe, Ringe

- *Durchführung:*

  Ein Kind nimmt einen Stab und versucht damit, die ihm zugeworfenen Ringe aufzufangen.

- *Variation:*

  a) Statt des Stabes können Hände oder Füße zum Auffangen eingesetzt werden.

  b) Die Kinder können versuchen zwei Ringe gleichzeitig zu fangen.

- *Zielsetzung:*

  Fördert das Zusammenwirken von Auge und Hand (Visumotorik).

  In diesem Spiel wird das Einschätzen von Bewegungsrichtung und -geschwindigkeit sowie das gezielte Steuern der Handmotorik gefördert.

## Ringe werfen

- *Material:* Stäbe, Ringe, Pedalo
- *Durchführung:*

  Ein Kind hält in einer bestimmten Entfernung vom Abwurfpunkt einen Stab senkrecht auf den Boden. Der Werfer muß versuchen, Ringe über den Stab zu werfen.
- *Variation:*

  a) Die Abstände zwischen Stab und Werfer können verändert werden.

  b) Der Stab kann in verschiedenen Winkeln zum Werfer gehalten werden.

  c) Es können von mehreren Kinder mehrere Stäbe hintereinander gehalten werden, so daß der Werfer verschiedene Schwierigkeitsgrade zur Verfügung hat.

  d) Das Werfen der Ringe kann während der Fahrt auf einem Pedalo durchgeführt werden.
- *Zielsetzung:*

  Fördert das Zusammenwirken von Auge und Hand (Visumotorik).

  In diesem Spiel werden die Bewegungsgenauigkeit (Treffsicherheit) sowie die Konzentration auf die Bewegungen gefördert. Die Kinder lernen Entfernungen abzuschätzen und ihren Krafteinsatz zu steuern.

## Schlangenkönig

- *Material:* Seil oder Wäscheleine
- *Durchführung:*

  Ein Kind ist der Schlangenkönig und zieht das Seil in Schlangenlinien hinter sich her. Die anderen Kinder laufen hinter dem Seil her und versuchen daraufzutreten. Wer es schafft, darf neuer Schlangenkönig sein.

- *Variation:*

  Der Spielraum wird begrenzt, so daß der Schlangenkönig mehr Wendigkeit zeigen muß.

- *Zielsetzung:*

  Fördert die Figur-Hintergrund-Unterscheidung sowie die Geschicklichkeit.

  In diesem Spiel wird die Konzentration auf einen Gegenstand in Bewegung gefördert. Reaktionsschnelligkeit und Gewandtheit werden geschult.

## Sprungkarussel

- *Material:* Sprungseil
- *Durchführung:*

  Ein Kind bekommt das Seil, faßt es an einem Ende an und dreht sich dann um die eigene Achse. Die anderen Kinder versuchen über das sich drehende Seil zu springen, ohne davon berührt zu werden. Wer die meisten Sprünge schafft, ist Sieger.

- *Variation:*

  a) Die Kinder springen auf einem Bein über das Seil.

  b) Die Kinder versuchen, rückwärts über das Seil zu springen.

  c) Die Kinder bekommen die Augen verbunden und versuchen auf Zuruf über das Seil zu springen.

- *Zielsetzung:*

  Fördert die Figur-Hintergrund-Unterscheidung.

  In diesem Spiel wird die Konzentration auf einen Gegenstand in Bewegung gefördert. Außerdem erhöht das Spiel die Sprungkraft, die Reaktionsschnelligkeit und die Ausdauer.

## Tischfußball

- *Material:* Tischtennisball
- *Durchführung:*

  Jeweils 2 oder 3 Kinder bilden eine Mannschaft. Sie sitzen sich am Tisch oder auf dem Boden gegenüber und versuchen, durch geschicktes Pusten, den Ball über die Tischkante (oder eine Linie auf dem Boden) der gegnerischen Mannschaft zu befördern.

- *Variation:*

  Es kann ein Tor markiert werden, so daß der Ball nur dort hinein befördert werden darf.

- *Zielsetzung:*

  Fördert die Figur-Hintergrund-Unterscheidung.

  In diesem Spiel wird die Konzentration auf einen Gegenstand in Bewegung gefördert. Außerdem werden Augenkontrolle und -beweglichkeit und das Abschätzen von Bewegungsrichtung und -geschwindigkeit geschult.

## Was fehlt hier?

- *Material:* verschiedene Gegenstände (z.B. Schlüssel, Ball, Ring, Stifte, Seil etc.)

- *Durchführung:*

  Die Gegenstände werden nebeneinander gelegt. Die Kinder sollen sich die Gegenstände und die Reihenfolge einprägen. Dann laufen sie schnell aus dem Raum und zählen draußen bis 10 oder 20. Der Spielleiter nimmt nun einen oder zwei Gegenstände weg. Wenn die Kinder wieder herein kommen, müssen sie erraten, was fehlt.

- *Variation:*

  Es wird nicht nur ein Gegenstand weggenommen, sondern die Reihenfolge der übrigen wird vertauscht, so das das Erinnern erschwert wird.

- *Zielsetzung:*

  Fördert das Erkennen der Lage im Raum und das visuelle Gedächtnis.

  In diesem Spiel wird das Wiedererkennen von Reihenfolgen gefördert. Sie müssen behalten und Veränderungen erkannt werden, die Merkfähigkeit für visuell wahrgenommene Reize wird geschult.

## Wer ist hier der Chef?

- *Material:* kein Material
- *Durchführung:*

  Ein Kind wird ausgewählt und muß den Raum verlassen. Die anderen Kinder bestimmen einen „Chef“, der langsame Bewegungen vormacht, die von allen nachgeahmt werden. Das Kind, das den Raum verlassen hatte, muß nun durch genaues Beobachten herausfinden, wer der „Chef“ ist. Dabei dürfen die anderen Kinder natürlich keinerlei Hinweise geben, weder durch Reden oder durch Gestik.

- *Variation:*

  Der „Chef“ bekommt einen Assistenten, der im Verlauf des Spiels mehrfach die „Führung“ übernimmt, so daß das Erkennen des echten Chefs erschwert wird.

- *Zielsetzung:*

  Fördert die Figur-Hintergrund-Unterscheidung.

  In diesem Spiel wird die Konzentration auf Bewegungen und ein genaues Beobachten und Erkennen von dominanten Bewegungen geschult.

# 6. Akustische Wahrnehmung

Der Begriff „Akustische Wahrnehmung“ bedeutet die Fähigkeit, Informationen, die über die Ohren aufgenommen werden, zu erkennen, zu unterscheiden und zu interpretieren. Auch hier, wie bei der visuellen Wahrnehmung, ist es notwendig, daß die aufgenommenen Informationen mit früheren Erfahrungen verglichen und zugeordnet werden.

Wie eng die akustische mit der visuellen Wahrnehmung verknüpft ist, wird deutlich, wenn man bedenkt, daß akustische Informationen z.T. in visuelle Informationen umgebildet werden müssen. Ein Kind, das in der Schule ein Diktat hört, muß die gehörten Wörter in Schrift umsetzen und visuell vergleichen, ob der Text korrekt geschrieben wurde. Aber auch der umgekehrte Prozeß muß reibungslos verlaufen. Ein Text, den man laut vorliest, wird gleichzeitig über das eigene Gehör kontrolliert. Meldet das akustische System einen Fehler, wird sofort eine visuelle Kontrolle erfolgen und das richtige Wort oder der richtige Zusammenhang gebildet.

Die Begriff „Akustische Wahrnehmung“ läßt sich u.a. nach folgenden Bereichen unterscheiden :

- Merkfähigkeit
- Lautunterscheidung
- Geräuschunterscheidung
- Orientierung im Raum (Richtungshören)
- Unterscheidung von Rhythmen

Genauso wie visuelle Informationen müssen auch akustische Informationen im Gedächtnis behalten werden. Dazu ist es wichtig, daß der Mensch über eine intakte Merkfähigkeit verfügt, um Informationen kurzfristig zu speichern und wichtige Aspekte dieser Informationen ins sog. Langzeitgedächtnis zu übernehmen. Die Merkfähigkeit für akustisch aufgenommene Informationen ist aber abhängig von der richtigen Verarbeitung durch das akustische Wahrnehmungssystem. Eine falsch übermittelte bzw. entschlüsselte Information paßt sonst nicht zum gespeicherten Erfahrungsschatz und kann somit nicht direkt verwertet werden. Beispiele dafür finden wir täglich in Situationen, in denen Kinder „einfach nicht hören wollen“. Daß diese Kinder vermutlich akustische Wahrnehmungsstörungen haben und somit die ihnen zukommenden Informationen falsch oder gar nicht interpretieren können, wird leider zu oft übersehen.

Aber auch in der Erwachsenenwelt finden sich entsprechende Beispiele. Man denke nur an die Entstehung von „Gerüchten“. Auch hier finden vermutlich falsche akustische Interpretationen statt, die dann entsprechend weitergegeben werden, so daß die eigentliche Information verzerrt wird.

Zu den Leistungen der akustischen Wahrnehmung gehören darüber hinaus die Fähigkeiten zur Unterscheidung von Lauten und Geräuschen. Sie treffen ständig in so vielfältiger Form auf das Gehör, daß es von größter Wichtigkeit ist, einzelne von ihnen herauszufiltern und zu erkennen. Wären diese Eigenschaften nicht vorhanden, würde der Mensch einer immensen Reizüberflutung ausgesetzt sein, und eine Orientierung in seiner Umwelt wäre kaum möglich. Daneben sind diese Fähigkeiten von außerordentlicher Bedeutung für das Erlernen von Lesen und Schreiben. Buchstaben werden aus Lauten gebildet, diese aneinandergereiht wiederum ergeben Wörter und Sätze. Fehlinterpretationen führen demnach fast zwangsläufig zu Lese- oder Schreibstörungen, wie wir sie bei einem großen Teil der Bevölkerung antreffen.

Ein wesentlicher Zusammenhang besteht zwischen akustischer Wahrnehmung und Sprache. Ohne die Fähigkeit der richtigen Interpretation von Sprache kann keine vollständige Kommunikation zwischen Menschen stattfinden. Akustische Wahrnehmung ist somit die wesentliche Grundvoraussetzung für das Erlernen der Sprache im Kindesalter. Ist die akustische Wahrnehmung gestört, ist immer auch die Sprachentwicklung gestört. Ein extremes Beispiel dafür ist die Taubstummheit. Der vollständige Hör- und damit Wahrnehmungsverlust für akustische Reize hat in diesen Fällen zur entsprechenden, kaum zu therapierenden Sprachentwicklungsstörung geführt.

In den allermeisten Fällen sind es aber nicht diese Extremfälle, die in der kindlichen Entwicklung eine Rolle spielen. Vielmehr sind es diejenigen akustischen Störungen, die nicht oder zu spät erkannt werden. Erst wenn die entsprechenden Fähigkeiten gefordert werden und keine adäquaten Reaktionen erfolgen (z.B. im Schulunterricht), wird deutlich, wie unentbehrlich eine gute akustische Wahrnehmungsförderung im Kindesalter ist.

Im folgenden Abschnitt sind Spiele aufgeführt, die hauptsächlich zur Förderung der akustischen Wahrnehmung, daneben aber auch für andere Entwicklungsbereiche eingesetzt werden können.

## 6.1 Spiele zur akustischen Wahrnehmung

### Bin ich an der Reihe?

- *Material:* Tücher
- *Durchführung:*

  Die Kinder bekommen mit den Tüchern die Augen verbunden und setzen sich im Kreis auf den Boden. Der Spielleiter flüstert nun ganz vorsichtig den Namen eines Kindes, z.B.: „Charlotte". Jetzt steht Charlotte ganz langsam auf, geht so leise wie möglich in die Richtung des Spielleiters und setzt sich neben ihn.

- *Variation:*

  Es werden zwei Namen gleichzeitig geflüstert. Das Kind, das als erstes reagiert und den neuen Platz erreicht, wird neuer Spielleiter.

- *Zielsetzung:*

  Fördert die Lautunterscheidung.

  In diesem Spiel lernen die Kinder, sich auf leise gesprochene Lautverbindungen (Namen) zu konzentrieren. Das Richtungshören und die damit verbundene Orientierung im Raum werden gefördert.

### Das Eisenbahnspiel

- *Material:* Tamburin, Klangholz o.ä.
- *Durchführung:*

  Es werden zwei Gruppen gebildet, deren Gruppenmitglieder hintereinander stehen und sich an den Schultern halten. Eine Gruppe stellt einen „Schnellzug", die andere Gruppe einen „Bummelzug" dar. Schlägt der Spielleiter einen schnellen Rhythmus an, „fährt" der Schnellzug. Schlägt er einen langsamen Rhythmus, „fährt" der Bummelzug.

- *Variation:*

  Es wird durch Zeichen festgelegt, ob die „Züge" vorwärts oder rückwärts fahren.

- *Zielsetzung:*

  Fördert die Unterscheidung von Rhythmen.

In diesem Spiel wird von allen Gruppenmitgliedern genaues Hinhören und gleichzeitig richtiges Reagieren verlangt.

## Der Flötenspieler

- *Material:* Blockflöte
- *Durchführung:*

  Ein Flötenspieler spielt zwei verschieden hohe Töne auf der Blockflöte. Spielt er den tiefen Ton, gehen alle Kinder in die Hocke, spielt er den hohen Ton stehen sie wieder auf.
- *Variation:*

  a) Es werden 3, 4, oder 5 Töne gespielt, wobei jedem Ton eine bestimmte Körperstellung zugeordnet ist. (z.B. tiefster Ton = auf den Bauch legen, mittlerer Ton = den Oberkörper nach vorn beugen, höchster Ton = die Arme nach oben strecken etc.).

  b) Es werden nacheinander verschiedene Töne rhythmisch gespielt. Die Kinder sollen nun die zugehörigen Körperstellungen einnehmen, so daß möglichst fließende Bewegungen entstehen.

  c) Statt einer Blockflöte können verschiedene Instrumente (Klanghölzer, Triangel, Löffel, Blechdosen, Gläser) verwendet werden, deren Geräusche den verschiedenen Körperstellungen zugeordnet werden.

  d) Um die Schwierigkeit zu erhöhen, werden die Augen verbunden, so daß die Kinder nicht sehen können, welches Instrument gerade spielt.
- *Zielsetzung:*

  Fördert die Lautunterscheidung und die Merkfähigkeit.

  In diesem Spiel werden Aufnahme- und Merkfähigkeit sowie Konzentration auf akustische Reize gefördert. Die Kinder lernen, auf unterschiedliche akustische Reize mit unterschiedlichen Bewegungen zu reagieren.

## Der Vogelhändler

- *Material:* kein Material
- *Durchführung:*

  Ein Kind ist ein Vogelhändler, ein anderes Kind ist ein Vogelkäufer, alle anderen sind bestimmte Vögel (z.B. Raben, Amseln, Spatzen,

Adler etc.). Nun geht der Vogelkäufer zum Vogelhändler und fragt : „Jupp, hast du Vögel zu verkaufen?“ Der antwortet: „Ja, Margot, ich habe Vögel zu verkaufen .“ Jetzt fragt der Vogelkäufer nach mehreren Vogelarten. Wenn er z.B. fragt : „Jupp, hast du Raben?“ und der Vogelhändler laut ruft : „Ja, Raben habe ich!“, muß das Kind, das den Raben darstellt, schnell „wegfliegen“ (weglaufen). Der Vogelkäufer läuft hinterher und versucht es einzufangen.

- *Variation:*

  a) Wenn der „Vogel“ es schafft, wieder in die Gruppe zu kommen, ist er frei.

  b) Die Vögel, die gefangen wurden, helfen dem Käufer beim Einfangen.

  c) Statt Vögel können auch Autos, Lebensmittel, Spielzeug etc. „verkauft“ werden.

- *Zielsetzung:*

  Fördert die Motorik und die akustische Wahrnehmung.

  In diesem Spiel müssen die Kinder sich gut konzentrieren und aufmerksam dem Spielverlauf folgen. Die akustische Wahrnehmung, aber auch das schnelle Reagieren sowie die Geschicklichkeit der Bewegungen werden angesprochen.

## Flüsterspiel

- *Material:* kein Material

- *Durchführung:*

  Die Kinder bilden einen Kreis. Das erste Kind flüstert seinem Nachbarn einen Satz (einen Reim, eine Zahlenfolge, eine Buchstabenreihe o.ä.) ins Ohr. Dieser gibt das Gehörte flüsternd seinem Nachbarn weiter. Am Ende der Flüsterkette sagt das letzte Kind laut, was es gehört hat.

- *Variation:*

  a) Der Abstand zwischen den Kindern soll so groß sein, daß sie ein paar Schritte gehen müssen, bevor sie das Gehörte weitersagen.

  b) Die Kinder können jedesmal das Gehörte aufschreiben, damit am Schluß verglichen werden kann, wer was gehört hat.

- *Zielsetzung:*

  Fördert die Merkfähigkeit.

  In diesem Spiel werden Aufnahmefähigkeit, Merkfähigkeit und richtige Wiedergabe von Wörtern, Zahlen und deren Kombinationen gefördert. Genaues Hinhören ist ein wesentlicher Aspekt dieses Spiels. Außerdem werden Wortschatz und Kommunikationsfähigkeit gefördert.

## Geräusche raten

- *Material:* Glocke, Tamburin, Bücher, Zeitungspapier, Anspitzer, Besteck u.ä.
- *Durchführung:*

  Ein Kind steht mit dem Gesicht zur Wand und muß erraten, mit welchen Gegenständen die anderen Kinder Geräusche produzieren. Sie können z.B. mit den Fingern schnippen, einen Bleistift anspitzen, Tassen auf Teller stellen, ein Buch umblättern etc.
- *Variation:*

  a) Es soll unterschieden werden, ob ein Geräusch links, rechts, unten oder oben produziert wird.

  b) Es soll der Unterschied zwischen laut und leise benannt werden.
- *Zielsetzung:*

  Fördert die Laut- und Geräuschunterscheidung.

  In diesem Spiel lernen die Kinder verschiedene Laute und Geräusche wahrzunehmen und sie entsprechend zuzuordnen. Das Richtungshören wird zusätzlich geschult.

## Ich höre dich und du hörst mich

- *Material:* Augenbinden, Musikinstrumente
- *Durchführung:*

  Die Kinder bekommen die Augen verbunden. Jeweils zwei Kinder ahmen die gleichen Laute nach (z.B. Tierlaute einer Kuh, eines Hundes, einer Katze etc.) Nun müssen sich die „Tiere“, die zusammengehören, finden.

- *Variation:*

  Jeweils zwei Kinder erzeugen Töne auf entsprechenden Musikinstrumenten (z.B. zwei Blockflöten, zwei Klanghölzer, zwei Handtrommeln etc.)

- *Zielsetzung:*

  Fördert die akustische Orientierung im Raum und das Richtungshören

  In diesem Spiel müssen sich die Kinder auf ihr Gehör verlassen und können sich nur akustisch orientieren. Sie lernen verschiedene Klänge zu unterscheiden und gleiche Klänge zuzuordnen.

## Klingelball

- *Material:* Ball mit Glocke, Tücher
- *Durchführung:*

  Mit den Tüchern werden die Augen verbunden. Der Klingelball wird langsam durch den Raum gerollt, so daß die Kinder durch genaues Horchen herausfinden müssen, wo er sich befindet. Nun versuchen sie, ihn zu fangen.

- *Variation:*

  Es kann festgelegt werden, in welcher Gangart sie dem Ball folgen sollen (gehen, kriechen, robbon etc.)

- *Zielsetzung:*

  Fördert die Orientierung im Raum.

  In diesem Spiel wird die akustische Raumorientierung gefördert, indem die Kinder sich auf ein Geräusch konzentrieren und ihre Bewegungen danach ausrichten.

## Klingelnder Wecker

- *Material:* Uhr mit Weckfunktion, Tücher
- *Durchführung:*

  Die Kinder stehen mit verbundenen Augen in einer Ecke des Raumes. Wenn in der Raummitte der „Wecker klingelt", gehen, laufen oder kriechen sie schnell dorthin und stellen ihn ab. Wer es zuerst schafft, ist Sieger.

- *Variation:*

  a) Der „Wecker“ wandert langsam durch den Raum.

  b) Der Wecker wird versteckt (z.B. in einem Karton, unter Decken, am Körper eines Mitspielers etc.).

- *Zielsetzung:*

  Fördert die Orientierung im Raum.

  In diesem Spiel wird die akustische Raumorientierung gefördert. Das Erkennen der Richtung, aus der ein Geräusch kommt und das richtige Reagieren darauf erfordern ein hohes Maß an Konzentration. Die Sicherheit, sich auf sein Gehör zu verlassen, wird gefördert.

## Morsealphabet

- *Material:* Tafel und Kreide, Papier und Stifte

- *Durchführung:*

  Ein Kind gibt an einer Wand Klopfzeichen, so daß die anderen nicht zusehen können. Sie sollen nun die Anzahl der Zeichen mitzählen und aufschreiben.

*Variation:*

  a) Bestimmten Klopfzeichen werden Buchstaben zugeordnet, die die Kinder erkennen müssen. (Beispiele: kurz/lang = a, lang/kurz = n, kurz/lang/kurz = r, etc.)

  b) Bestimmten Klopfzeichen werden Wörter oder Zahlen zugeordnet.

- *Zielsetzung:*

  Erkennen und Unterscheiden von Rhythmen.

  In diesem Spiel wird das Erkennen und Reagieren auf Rhythmen gefördert. Rhythmische Abläufe können durch konzentriertes Hinhören in Handlungen umgesetzt werden.

## Musikantenspiel

- *Material:* Instrumente (Klanghölzer, Tamburin, Handtrommeln etc.)

- *Durchführung:*

  Die Kinder sitzen im Kreis und wählen aus, wer den Raum verlassen muß. Ein Spielführer klatscht in wechselndem Rhythmus in die Hände, alle anderen ahmen ihn nach. Das hereingerufene Kind muß durch Beobachten erraten, wer der Spielführer ist.

- *Variation:*

Der Rhythmus wird mit Instrumenten vorgegeben.

- *Zielsetzung:*

Akustisches Erkennen und Unterscheiden von Rhythmen.

In diesem Spiel wird das Gefühl für Rhythmen gefördert. Genaues Hinhören, aber auch genaues Hinschauen ermöglichen den Kindern, rhythmische Abläufe zu erkennen und nachzuvollziehen.

## Nicht berühren

- *Material:* Tücher
- *Durchführung:*

Die Kinder verteilen sich im Raum. Einem Kind werden die Augen verbunden. Es muß sich nun vorsichtig im Raum bewegen. Kommt es einem Mitspieler zu nahe, klatscht dieser in die Hände und warnt das „blinde" Kind, damit es keine Kollision gibt. Passiert es trotzdem, werden die Rollen entsprechend getauscht.

- *Variation:*

Statt zu klatschen, können andere „Warnsignale" vereinbart werden, z.B. Pfeifen, Zungenschnalzen, Fingerschnippen etc.

- *Zielsetzung:*

Fördert die Konzentration und Reaktion auf plötzliche Geräusche.

In diesem Spiel erfahren die Kinder, wie wichtig genaues Hinhören und entsprechendes Reagieren ist. Die Sicherheit, sich u.a. auf die akustische Wahrnehmung zu verlassen, wird gefördert.

## Der Plumpsack geht um

- *Material:* Sandsäckchen o.ä.
- *Durchführung:*

Die Kinder sitzen im Kreis. Ein Kind bekommt das Sandsäckchen (den Plumpsack) und geht damit außen um den Kreis herum. Es versucht, möglichst unauffällig den Plumpsack hinter eines der sitzenden Kinder abzulegen. Merkt dieses Kind, was passiert, nimmt es schnell den Plumpsack und versucht den Ableger zu fangen. Erreicht dieser vorher den freigewordenen Platz, ist er frei. Wird er gefangen, muß er noch eine Runde machen.

- *Variation:*

Plumpsackleger und Fänger müssen rückwärts um den Kreis laufen.

- *Zielsetzung:*

Fördert die Geräuschunterscheidung bei sehr leisen Reizen.

In diesem Spiel lernen die Kinder, sich auf ein sehr leises Geräusch zu konzentrieren und darauf mit schnellen Bewegungen zu reagieren.

## Rhythmusspiel

- *Material:* kein Material
- *Durchführung:*

Ein Kind wird ausgewählt und gibt durch Klatschen einen Rhythmus vor, den es so lange hält, bis alle anderen ihn mitmachen.

- *Variation:*

a) Der vorgegebene Rhythmus wird mit Lauten begleitet (z.B. tata-ta-tata-ta etc.)

b) Ein Kind gibt den Rhythmus vor. Das daneben sitzende Kind nimmt ihn auf und „gibt" ihn an seinen Nachbarn weiter.

- *Zielsetzung:*

Fördert das Erkennen und Unterscheiden von Rhythmen.

In diesem Spiel wird das Gefühl für rhythmische Abläufe gefördert. Genaues Hinhören, aber auch Hinschauen ist erforderlich, um mitmachen zu können.

## Taxifahrt

- *Material:* Rollbrett, Kasten oder Pappkarton
- *Durchführung:*

Auf ein Rollbrett wird ein Kasten mit der Öffnung nach oben gestellt. Das so entstandene Fahrzeug stellt ein Taxi dar. Ein Kind, der „Taxifahrer", schiebt das Taxi nach den Anweisungen eines „Fahrgastes" durch den Raum. Es werden Begriffe wie „vorwärts, rückwärts, geradeaus, nach links, rechts" etc. eingesetzt, um das Taxi zu steuern.

- *Variation:*

  Es werden Straßen mit Stäben oder Seilen „gebaut", durch die das Taxi fahren muß.

- *Zielsetzung:*

  Fördert die Begriffsanwendung und -unterscheidung.

  In diesem Spiel lernen die Kinder, Begriffe zu unterscheiden und sie in Handlungen umzusetzen.

  Damit läßt sich die Orientierung im Raum und die Sicherheit im Umgang mit dem Körper verbessern.

## Spinne im Netz

- *Material:* Bierdeckel, Pappstücke, Tücher

- *Durchführung:*

  Ein Kind spielt die Spinne und sitzt mit verbundenen Augen auf dem Boden. Die anderen Kinder lassen in der Nähe der „Spinne" die Bierdeckel fallen. Die „Spinne" muß durch genaues Horchen herausfinden, wo die „Beute" in ihr „Netz" gefallen ist. Sie versucht nun, sie durch Tasten zu finden.

- *Variation:*

  Zwei Spinnen sitzen sich gegenüber und „jagen" sich gegenseitig die Beute ab. Die Spinne mit den meisten Beutetieren hat gewonnen.

- *Zielsetzung:*

  Fördert die Geräuschunterscheidung.

In diesem Spiel lernen die Kinder, sich auf ein bestimmtes (leises) Geräusch zu konzentrieren, es zu erkennen und darauf zu reagieren. Da die Geräusche von allen Seiten kommen können, werden Aufmerksamkeit und Konzentration in hohem Maße beansprucht. Gleichzeitig wird der Tastsinn angesprochen, so daß dieses Spiel einen weiteren Schwerpunkt hat.

## Wer hat den Ball?

- *Material:* Ball
- *Durchführung:*

  Die Kinder sitzen oder stehen im Kreis und geben bzw. werfen einen Ball weiter. Dabei rufen sie z.B. : „Wer hat den Ball? Karina hat ihn nicht, Sarah hat ihn!" Dabei muß Karina den Ball schnell an Sarah weitergeben oder werfen. Nun ruft Sarah : „Sarah hat ihn nicht, Ann Christin hat ihn!" und gibt ihn an Ann Christin weiter. Der Ball wird so ständig in Bewegung gehalten und jedes Kind im Kreis muß sehr aufmerksam mitspielen.

- *Variation:*

  Jedes Kind bekommt einen Tier- oder Pflanzennamen.

- *Zielsetzung:*

  Fördert die schnelle akustische Auffassungsgabe.

  In diesem Spiel wird die Merkfähigkeit für Namen und die Zuordnung zu bestimmten Personen gefördert. Das Spiel ist gut als Kennenlernspiel in einer Gruppe geeignet.

## Weltreise

- *Material:* kein Material
- *Durchführung:*

  Die Kinder stehen am Rand der Spielfläche. Der Spielleiter fragt : „Wer kommt mit auf eine Reise um die Welt?" Die Kinder rufen : „Alle! Wohin fahren wir?"

  Nun nennt der Spielleiter den Namen einer Stadt, z.B. Kopenhagen. Für jede Silbe des Wortes (Ko-pen-ha-gen) wird nun ein Sprung gemacht. Dann wird ein neuer Name genannt, z.B. San Francisco und die Kinder springen wieder für jede Silbe (San-Fran-cis-co) einmal vorwärts. Es kommt darauf an, möglichst lange Wörter zu finden.

- *Variation:*

  a) Die Kinder hüpfen die Silben nur auf einem Bein.

  b) Die Kinder hüpfen rückwärts oder seitwärts.

  c) Statt Städtenamen können Ländernamen verwendet werden.

- *Zielsetzung:*

  Fördert die Koordinationsfähigkeit und den Wortschatz.

  In diesem Spiel lernen die Kinder rhythmische Bewegungsabläufe zu koordinieren. Gleichzeitig wird der Wortschatz erweitert und das Erkennen und Differenzieren von Wortteilen gefördert.

## Wer weiß, was das ist?

- *Material:* Pappschachteln oder Dosen mit verschiedenem Inhalt (z.B. Erbsen, Glasperlen, Kieselsteinen, Sand, Münzen etc.)

- *Durchführung:*

  Den Kindern werden die verschiedenen Inhalte gezeigt und deren Geräusche, die sie erzeugen, vorgeführt. Dann werden die Schachteln verschlossen und ungeordnet aufgestellt. Ein Kind nimmt eine Schachtel auf, schüttelt sie und fragt: „Wer weiß, was das ist?". Wer es zuerst errät, muß das Geräusch und den Inhalt beschreiben.

- *Variation:*

  a) Die Schachteln werden in einer bestimmten Reihenfolge geschüttelt. Dann drehen sich alle Kinder um und eine Schachtel wird entfernt. Die Kinder müssen beim nächsten Schütteln raten, welches Geräusch fehlt.

  b) Wie a), nur daß eine Schachtel mit einem neuen Geräusch hinzugefügt wird.

- *Zielsetzung:*

  Fördert die Laut- und Geräuschunterscheidung und die Merkfähigkeit.

  In diesem Spiel werden einerseits das Wiedererkennen von Geräuschen und Lauten, andererseits die Merkfähigkeit für Geräusche und Laute gefördert. Die richtige Zuordnung der Geräusche zu den jeweiligen Gegenständen verbessert gleichzeitig die sprachliche Ausdrucksfähigkeit und vergrößert den Wortschatz.

# 7. Taktile Wahrnehmung

Der Begriff „Taktile Wahrnehmung“ bedeutet die Fähigkeit, Informationen, die über die Haut aufgenommen werden, zu erkennen, zu unterscheiden und zu interpretieren, indem sie mit früheren Erfahrungen verglichen und zugeordnet werden. Wie eng dieser Bereich der Wahrnehmung mit der visuellen und akustischen Wahrnehmung verknüpft ist, wird deutlich, wenn man sich klarmacht, daß erst das taktile Wahrnehmungssystem uns in die Lage versetzt, mit sinnvollen Handlungen auf Informationen zu reagieren. Die ersten Empfindungen, die ein Kind hat, wenn es aus dem warmen Mutterleib in die unbekannte Welt geboren wird, sind Kälteempfindungen über die Haut. Es reagiert darauf mit Schreien, denn es kann diese Informationen noch nicht entschlüsseln; es besitzt dafür noch keinerlei Erfahrung.

Auch die weitere Entwicklung ist sehr stark durch taktile Reize geprägt. Gegenstände werden ergriffen und sofort zum Mund geführt. Bevor ein Kind Dinge visuell oder akustisch erfaßt und zuordnet, erkennt es sie über das taktile System. „Er“-greifen führt somit zum „Be“-greifen.

Um weiter zu verdeutlichen, wie wichtig eine intakte taktile Wahrnehmung ist, denke man sich in folgende Situation hinein: Ein Kind hat eine sehr „schlechte“ Schrift, so daß das Geschriebene kaum zu entziffern ist. Es hat außerdem erhebliche Schwierigkeiten im Umgang mit Gegenständen, die nicht festgehalten werden und ihm ständig aus den Händen fallen. Eine mögliche Ursache dafür ist zweifellos ein nicht intaktes Wahrnehmungssystem, insbesondere des taktilen Systems. Jeder Gegenstand, den man in die Hand nimmt, erzeugt einen Informationsstrom zum Gehirn. Er gibt dem Gehirn diejenigen Informationen, die notwendig sind, um den Druck der Finger zu vergrößern oder zu vermindern, so daß dieser Gegenstand festgehalten werden und sicher beherrscht werden kann. Ein Stift, dessen Form, Dicke und Gewicht keine Rückmeldung über Tastnerven der Hand an das Gehirn weitergibt, kann nicht sicher geführt werden.

Betrachtet man das genannte Beispiel aus einem anderen Blickwinkel, so wird klar, daß hier auch die visuelle Wahrnehmung und die Motorik eine große Rolle spielen. Das macht deutlich, wie wichtig diese Bereiche für die Entwicklung von Fähigkeiten und Fertigkeiten sind. Visuelle, akustische und taktile Wahrnehmung sind nicht voneinander zu trennen. Sie bilden zusammen mit der Motorik die Basis für alle anderen Bereiche der menschlichen Entwicklung.

Im folgenden Abschnitt sind Spiele aufgeführt, die hauptsächlich zur Förderung der taktilen Wahrnehmung, daneben aber auch für andere Entwicklungsbereiche eingesetzt werden können.

## 7.1 Spiele zur taktilen Wahrnehmung

### Aufstand der Zeitungsleser

- *Material:* Zeitungen
- *Durchführung:*

  Je zwei Kinder setzen sich Rücken an Rücken auf den Boden. Sie lesen dabei laut einen Artikel aus ihrer Zeitung vor. Auf ein Zeichen stehen sie langsam auf, indem sie ihre Rücken gegeneinander stemmen. Sie müssen dabei weiter vorlesen und dürfen nicht aus dem Konzept kommen. Die Gruppe, die es am besten schafft, wird Sieger.
- *Variation:*

  a) Die Kinder drehen die Zeitung um und versuchen den Text auf dem Kopf zu lesen.

  b) Nachdem das Aufstehen geklappt hat, suchen sich die Kinder einen neuen Partner und setzen sich Rücken an Rücken langsam wieder hin, ohne umzufallen und ohne beim Lesen aus dem Konzept zu kommen.

- *Zielsetzung:*

  Fördert die Körperwahrnehmung und -beherrschung.

  In diesem Spiel erfahren die Kinder, daß es bei entsprechender Konzentration möglich ist, verschiedene Handlungen „gleichzeitig" durchzuführen. Durch häufiges Üben werden Bewegungsabläufe automatisiert, so daß andere Prozesse problemlos ablaufen können.

## Ballonfahrt

- *Material:* Pedalo, Riesenballon
- *Durchführung:*

  Das Pedalo stellt einen Ballonkorb dar, in dem die Kinder eine Ballonfahrt machen. Dazu halten sie den Riesenballon über ihrem Kopf hoch und balancieren ihn während der Fahrt auf dem Pedalo.
- *Variation:*

  Ist ein großes Pedalo vorhanden, können mehrere Kinder gleichzeitig an der Ballonfahrt teilnehmen.
- *Zielsetzung:*

  Fördert die Bewegungssicherheit und das Reagieren auf Berührung.

  In diesem Spiel kommt es darauf an, sich in der Bewegung auf Berührungsreize zu konzentrieren. Das Fahren auf dem Pedalo und das gleichzeitige Ausbalancieren des Ballons erfordern ein hohes Maß an Körperbeherrschung.

## Dschungelsafari

- *Material:* Sandpapier, Watte, Stoff, Holzbrettchen, Seile, Pappe, Stäbe etc.
- *Durchführung:*

  Die Materialien werden auf dem Boden eng nebeneinander verteilt, so daß ein verschiedenartig beschaffener „Dschungelboden" entsteht. Die Kinder bekommen die Augen verbunden und sollen sich vorsichtig mit nackten Füßen über den Boden vortasten. Jedesmal, wenn sie eine neue Bodenart berühren, sollen sie sagen, wie es sich anfühlt.
- *Variation:*

  a) Dieses Spiel kann auch im Kriechen durchgeführt werden, so daß sowohl mit Händen als auch mit Füßen oder Knien getastet wird.

b) Wenn die Möglichkeit besteht, können verschiedene Materialien zusätzlich an der Decke befestigt werden (z.B. Seile als Lianen, Tücher als „undurchdringliche Pflanzenwände“ etc.)

- *Zielsetzung:*

  Fördert die taktile Wahrnehmung.

  In diesem Spiel kommt es darauf an, verschiedene Materialien an ihrer Beschaffenheit zu erkennen und zuzuordnen. Begriffe wie „glatt, rauh, hart, weich“ etc. werden gelernt und angewendet.

## Feuerwehrspiel I

- *Material:* Rundseil
- *Durchführung:*

  Die Kinder stehen um das Rundseil herum und stellen sich vor, dies sei ein Feuerwehrsprungtuch. Sie nehmen es langsam hoch und halten es ganz straff. Ein Kind gibt den anderen „Feuerwehrmännern“ ein Zeichen, wenn „von oben jemand hineinspringt“. Dann müssen alle Kinder durch den „Aufpralldruck“ nach vorn zusammenfallen.

- *Variation:*

  Wenn kein Seil vorhanden ist, können sich die Kinder auch an den Händen halten und das Seil so entsprechend darstellen.

- *Zielsetzung:*

  Fördert das Reagieren auf Bewegung.

  In diesem Spiel wird den Kindern bewußt, wie sie mit ihrem Körper und mit ihrer Kraft auf eine Bewegung reagieren müssen. Das Seil erzeugt einen Widerstand, den das einzelne Kind durch seinen Körpereinsatz ausgleichen muß.

## Langlauf

- *Material:* Rundstäbe
- *Durchführung:*

  Die Kinder stehen mit nackten Füßen auf den Rundstäben, klemmen diese mit den Zehen ein und versuchen, wie ein Skilangläufer durch den Raum zu gleiten. Zwei weitere Stäbe können als Stützen verwendet werden.

- *Variation:*

  Es werden zwei Mannschaften gebildet, die wie bei einer Staffel die „Langlaufski“ nach einer bestimmten Strecke übergeben.

- *Zielsetzung:*

  Fördert das Reagieren auf Berührung.

  In diesem Spiel erfahren die Kinder durch die Berührung der Stäbe mit den Füßen, wie sie ihre Bewegungen (der Füße, Beine und des ganzen Körpers) einsetzen müssen, um nicht aus dem Gleichgewicht zu geraten. Kreativität und Phantasie werden angeregt.

## Positiv / Negativ oder Das Spiegelbild

- *Material:* kein Material
- *Durchführung:*

  Die Kinder bewegen sich langsam im Raum. Ein Kind (oder der Gruppenleiter) berührt bei sich verschiedene Körperteile. Die übrigen Kinder müssen nun spiegelbildlich bei sich die entsprechenden Körperteile berühren.

  Beispiel: Gruppenleiter berührt mit der rechten Hand die linke Schulter – Kinder müssen mit der linken Hand die rechte Schulter berühren.

- *Variation:*

  a) Es werden zusätzlich verschiedene Körperhaltungen eingenommen, die ebenfalls spiegelbildlich nachgeahmt werden müssen.

  b) Wie oben, wobei die Körperteile laut genannt werden müssen.

- *Zielsetzung:*

  Fördert das Körperschema und das Körperimago.

  In diesem Spiel erfahren die Kinder, wie sie mit Teilen ihres Körpers sicher und bewußt umgehen können. Das Körperschema und das

Körperimago sind wichtige Voraussetzungen für die Entwicklung der gesamten Körperbeherrschung.

## Schnurgreifen

- *Material:* Sprungseil oder Bleischnüre
- *Durchführung:*

  Die Kinder sitzen im Kreis. Ein Kind ergreift das Seil mit den Zehen und gibt es an seinen Nachbarn weiter, der es mit seinen Zehen nehmen muß. Wer dabei das Seil fallen läßt, muß eine Runde aussetzen.
- *Variation:*

  Die Kinder bekommen die Augen verbunden, so daß sie nur durch Tasten das Seil erkennen und ergreifen müssen.
- *Zielsetzung:*

  Fördert das Reagieren auf Berührung.

  In diesem Spiel erfahren die Kinder, wie sie ihre Fußbewegungen steuern müssen, um das Problem zu lösen.

## Schlangengrube

- *Material:* großer Reifen
- *Durchführung:*

  Die Kinder stehen um den Reifen und halten sich an den Händen. Nun versuchen sie durch Ziehen und Drücken sich gegenseitig in die „Schlangengrube“ zu bekommen. Wer hineinfällt, scheidet aus. Dasjenige Kind, das als letztes übrigbleibt, wird Sieger.

- *Variation:*

  Die Kinder stehen mit den Rücken zur „Schlangengrube“ und ziehen sich hinein.

- *Zielsetzung*

  Fördert das Reagieren auf Bewegung.

  In diesem Spiel wird den Kindern bewußt, wie sie mit ihrem Körper und mit ihrer Kraft auf eine Bewegung reagieren müssen. Dieses Spiel eignet sich außerdem zum Aufbau von Körperkontakten, zum Abbau von Berührungsängsten und zur Steigerung der Durchsetzungsfähigkeit.

## Stafettenlauf

- *Material:* Bälle, Stäbe, andere tragbare Gegenstände

- *Durchführung:*

  Die Kinder bilden zwei Gruppen. Der Erste einer Gruppe nimmt z.B. einen Ball auf und trägt ihn so schnell wie möglich zur anderen Gruppe. Vorher wird festgelegt, wie der Ball zu tragen ist, z.B. nur mit einer Hand, nur auf den Unterarmen, nur mit Hilfe von Schulter und Kopf etc. Fällt der Ball herunter, scheidet das Kind aus. Die Gruppe, in der die meisten Kinder übrigbleiben, hat gewonnen.

- *Variation:*

  a) Mehrere Gegenstände können gleichzeitig transportiert werden.

  b) Zwei Kinder transportieren gemeinsam die Gegenstände.

  c) Es können Hindernisse aufgebaut werden.

- *Zielsetzung:*

  Fördert das Reagieren auf Berührung sowie das Körperschema.

  In diesem Spiel erfahren die Kinder, wie sie ihre Körperbewegungen einsetzen müssen, damit der transportierte Gegenstand nicht aus der Balance gerät. Das Kennen der einzelnen Körperteile sowie das bewußte Einsetzen fördert gleichzeitig die Sicherheit im Umgang mit dem Körper.

## Stecknadel im Heuhaufen

- *Material:*

  Ein großer Kasten mit verschiedenartigem Inhalt (z.B. Bälle, Bausteine, Knöpfe, Tücher, Zeitungen etc.) und außerdem Strohhalme als „Stecknadeln"

- *Durchführung:*

  Die Kinder bekommen die Augen verbunden und werden aufgefordert, so schnell wie möglich die „Stecknadel" aus dem „Heuhaufen" herauszusuchen. Wer sie findet, ist Sieger.

- *Variation:*

  a) Es werden mehrere Stecknadeln versteckt, Wer die meisten gefunden hat, ist Sieger.

  b) Es werden Mannschaften gebildet. Von jeder Mannschaft darf ein Spieler jeweils eine bestimmte Zeit suchen (z.B. 30 Sek.), dann wird er abgelöst. Die Mannschaft, die die meisten Stecknadeln gefunden hat, wird Sieger.

- *Zielsetzung:*

  Fördert das Reagieren auf Berührung.

  In diesem Spiel erfahren die Kinder, wie sich Dinge anfühlen, welche Ausdehnung und welche Form sie haben. Durch Ergreifen und Betasten von Formen erkennen sie Unterschiede und werden sicher im Umgang damit.

## Trampolin

- *Material:* großes Tuch (z.B. aus Fallschirmseide)

- *Durchführung:*

  Die Kinder stehen um das Tuch herum, nehmen es auf und schwingen es gleichzeitig hoch und runter, so als ob ein Trampolin schwingt.

- *Variation:*

  Ein Luftballon oder ein Ball kann auf dem Tuch springen. Dabei muß natürlich darauf geachtet werden, daß er nicht herunterfällt.

- *Zielsetzung:*

  Fördert das Reagieren auf Bewegung.

  In diesem Spiel wird den Kindern bewußt, wie sie mit ihrem Körper und mit ihrer Kraft auf eine Bewegung reagieren müssen. Die rhythmischen Bewegungen des Tuches fördern das Gefühl für gleichmäßige und kontrollierte Körperbewegungen.

## Verzaubern

- *Material:* kleiner Stab, Strohhalm etc.
- *Durchführung:*

  Ein Kind ist Zauberer und läuft im Raum herum. Dabei versucht es, andere Kinder zu berühren (zu verzaubern). Je nachdem, wo es ein anderes Kind berührt hat, hält dies den Körperteil mit einer Hand fest und läuft hinter dem Zauberer her. Dieses Spiel ist beendet, wenn alle Kinder dem Zauberer in einer Reihe folgen.

- *Variation:*

  Die Kinder rufen laut den Körperteil, der bei ihnen verzaubert wurde (Bsp.: „Ich bin ein verzaubertes Knie, verzauberter Kopf, verzaubertes linkes Ohr“ etc.).

- *Zielsetzung:*

  Fördert das Reagieren auf Berührung sowie das Körperschema.

  In diesem Spiel werden den Kindern die Körperteile bewußt. Sie lernen, ihre Körperteile zu erkennen und zu fühlen, wo sie sich befinden.

## Was bringst du von der Reise mit?

- *Material:* verschiedene Gegenstände aus Holz, Papier, Pappe, Metall, Stoff, Gummi, Plastik, Glas etc.
- *Durchführung:*

  Die Gegenstände werden im Raum verteilt. Ein Kind wird zum Spielleiter gewählt. Es schickt die anderen auf die Reise und sagt: „Ich möchte gern, daß ihr mir nur Souvenirs mitbringt, die aus Papier sind, wenn ihr von der Reise zurückkommt!“ Die Kinder laufen los und sammeln alle Gegenstände ein, die aus Papier sind. In der nächsten Runde werden andere Gegenstände gewünscht.

- *Variation:*

  a) Der Spielleiter wünscht sich gleichzeitig verschiedene Materialien.

  b) Die Gegenstände können auch versteckt werden, wenn die Möglichkeit besteht.

  c) Die Kinder bekommen die Augen verbunden und müssen so die Souvenirs durch Tasten finden.

- *Zielsetzung:*

  Fördert den Umgang mit verschiedenen Materialien.

  In diesem Spiel lernen die Kinder, verschiedene Materialien zu unterscheiden, sie zu erkennen und zu benennen. Visuelle und taktile Wahrnehmung werden in gleichem Maße gefördert.

## Wer bist du?

- *Material:* Tücher

- *Durchführung:*

  Ein Kind bekommt die Augen verbunden und muß versuchen, durch Tasten den Namen eines anderen Kindes, das vor ihm steht, zu erraten.

- *Variation:*

  Das Kind soll versuchen, nur durch Betasten der Hände, des Kopfes etc., den Namen zu erraten.

- *Zielsetzung:*

  Fördert das Reagieren auf Berührung.

  In diesem Spiel wird durch das Tasten die Vorstellungskraft gefördert, es ist auch geeignet, um Berührungsängste abzubauen.

## Zauberstab

- *Material:* Strohhalme

- *Durchführung:*

  Ein Kind bekommt den „Zauberstab" und versucht die anderen Kinder, die natürlich weglaufen, damit zu berühren. Sobald ein Kind die Berührung spürt, fällt es verzaubert um und bleibt auf dem Boden liegen. Wenn alle verzaubert sind, ist das Spiel beendet.

- *Variation:*

  a) Wer noch nicht verzaubert wurde, kann versuchen, die verzauberten Kinder zu erlösen. Dies wird der Zauberer jedoch geschickt zu verhindern wissen.

  b) Es kann vereinbart werden, in was die Kinder verzaubert werden, z.B. in Tiere, Menschen bestimmter Berufe, Pflanzen. Die Kinder müssen dies durch Pantomime darstellen.

- *Zielsetzung:*

  Fördert das Reagieren auf Berührung.

  In diesem Spiel wird das Erkennen von Berührungen und das Reagieren darauf gefördert. Außerdem werden Beweglichkeit, Reaktionsschnelligkeit und Gewandtheit geschult. Vorstellungskraft und Phantasie werden angeregt.

# 8. Sprache

Der Begriff „Sprache“ steht als Bezeichnung für das wichtigste Verständigungsmittel des Menschen. Wahrnehmung, speziell die akustische Wahrnehmung, und Motorik sind wesentliche Voraussetzungen für die Sprachentwicklung.

Für das Verständnis von Sprache sind vor allem ein gutes Lautunterscheidungsvermögen notwendig. Das eigene Sprechen ist abhängig von der motorischen Koordination der beteiligten Atem-, Stimm- und Artikulationsmuskeln.

Zum Begriff „Sprache“ gehören weiterhin die folgenden Bereiche:

- verbale Ausdrucksfähigkeit
- Wortschatz
- Begriffsbildung
- Begriffsunterscheidung

Die Lern- und Behaltensleistungen des Kindes sind sehr eng mit seinen sprachlichen Fähigkeiten verknüpft. Im Verlauf der Entwicklung verändern sich sowohl die quantitativen als auch die qualitativen Aspekte der Sprache. Der Wortschatz wird vergrößert, die Länge der sprachlichen Äußerungen nimmt zu, grammatikalische Strukturen werden gelernt und angewendet. Satzbau und Gestaltung mündlicher und schriftlicher Darstellungen entwickeln sich zu einem, für den einzelnen Menschen charakteristischen Sprachstil. Durch die Sprache kann ein Kind sich mitteilen, seine Wünsche und Gefühle verdeutlichen, seinen Unmut und seine Freude äußern.

Im folgenden Abschnitt sind Spiele aufgeführt, die hauptsächlich zur Förderung der sprachlichen Fähigkeiten, daneben aber auch für andere Entwicklungsbereiche eingesetzt werden können.

## 8.1 Spiele zur Förderung der Sprache

### Echospiel

- *Material:* kein Material
- *Durchführung:*

  Ein Kind wird gewählt und sagt einen einfachen Satz in normaler Lautstärke. Ein anderes Kind (das große Echo) wiederholt den Satz mit leiser Stimme, ein drittes Kind (das kleine Echo) flüstert den Satz nur noch. Je nachdem, wie lang die Echokette ist, wird der Satz immer leiser wiederholt. Das letzte Kind in der Kette sagt den Satz dann wieder in normaler Lautstärke, so daß überprüft werden kann, ob alles richtig verstanden und weitergegeben wurde.

- *Variation:*

  a) Es können auch Buchstaben- oder Zahlenfolgen weitergesagt werden.

  b) Die Kinder bekommen die Augen verbunden, damit ein Ablesen von den Lippen vermieden wird.

- *Zielsetzung:*

  Fördert die sprachliche Ausdrucksfähigkeit zusammen mit akustischer Wahrnehmung

  In diesem Spiel lernen die Kinder, wie Sprache sich verändern kann und welche Möglichkeiten sie selbst haben, Sprache zu variieren. Gleichzeitig wird die akustische Wahrnehmung gefördert.

## Geschichte ohne Ende

- *Material* : kein Material
- *Durchführung:*

  Der Spielleiter sagt einen kurzen Satz, den die Kinder der Reihe nach fortsetzen sollen, so daß daraus eine kleine Geschichte wird.

  Beispiel: „Ich kannte einen Mann, der..." „... konnte sein Klavier nicht spielen..." „ ... weil die schwarzen Tasten herausgefallen waren ..." etc.

- *Variation:*

  a) Es kann vereinbart werden, daß jedes Kind alle Satzteile wiederholen muß, bevor es seinen Teil anfügt.

  b) Die Geschichte kann so gestaltet werden, daß ihr Inhalt in Bewegung umgesetzt werden kann.

  Beispiel: „Ich kenne ein Mädchen..." „ ... das gern Fußball spielt..." „und viele Tore schießt..." etc.

- *Zielsetzung:*

  Fördert den Wortschatz und die verbale Ausdrucksfähigkeit.

In diesem Spiel erfahren die Kinder, wie sie mit ihrem Wortschatz umgehen können. Sie lernen neue Wörter und deren Bedeutung. Kreativität und Phantasie werden angeregt, immer neue Sätze zu bilden.

## Das Marktschreierspiel

- *Material:* Tisch oder Bank
- *Durchführung:*

Ein Kind wird ausgewählt, um den Marktschreier zu spielen. Die anderen Kinder spielen die Käufer. Der Marktschreier steht hinter dem Tisch und bietet laut seine Ware an, ohne zu sagen, um was es sich genau handelt. Die Käufer müssen aus seiner Beschreibung erraten, welche Ware der Marktschreier anbietet. Wer es errät, wird neuer Marktschreier.

Angebote können z.B. sein: Tassen ohne Henkel, ein Auto mit fünf Rädern, eine Reise ins Schlaraffenland etc.

- *Variation:*

Zwei Kinder versuchen gleichzeitig ihre Ware anzubieten. Dabei müssen sie natürlich so laut werden, daß der Konkurrent nicht zum Zuge kommt. Derjenige hat gewonnen, dessen Ware zuerst erraten wurde.

- *Zielsetzung:*

Fördert die verbale Ausdrucksfähigkeit.

In diesem Spiel wird die Fähigkeit gefördert, mit eigenen Worten Dinge und Situationen zu beschreiben. Das Spiel erfordert Kreativität und Spontaneität. Es baut Sprachhemmungen ab und fördert das Selbstvertrauen im Umgang mit Sprache.

## Der Fernsehmann

- *Material:* Tisch, Stuhl, kurzer Stab
- *Durchführung:*

Ein Kind spielt den Fernsehmann und sitzt am Tisch. Der kurze Stab dient als Mikrophon. Nun „liest es Nachrichten" vor, macht eine „Programmansage", „kommentiert ein Fußballspiel" etc. Durch Gestik und Mimik wird der Inhalt unterstützt.

Die anderen Kinder spielen Zuschauer im Studio und klatschen Beifall, wenn der Fernsehmann gute Beiträge liefert.

- *Variation:*

  Ein zweites Kind sitzt mit am Tisch und wird zu einem Thema (Beispiel: „Warum schmeckt Schokolade so gut?“ oder „Was hast du in den Ferien gemacht?“ etc.) interviewt.

- *Zielsetzung:*

  Fördert die verbale Ausdrucksfähigkeit und den Wortschatz.

  In diesem Spiel wird durch das Hineindenken in bestimmte Rollen die Phantasie der Kinder angeregt. Erfahrungen, die Kinder im täglichen Umgang mit Personen machen, können im Spiel angewendet werden. Wortschatz, Begriffsbildung und -unterscheidung sowie die Ausdrucksfähigkeit durch Sprache und Motorik werden gefördert.

## Ich wünsche mir den Bäcker her!

- *Material:* Papierstreifen, auf denen Berufsbezeichnungen stehen
- *Durchführung:*

  Die Kinder, die im Kreis auf dem Boden sitzen, erhalten Papierstreifen, die sie vor sich auf den Boden legen. Neben einem Kind bleibt ein Platz frei. Es ruft nun: „Mein rechter Platz ist leer, ich wünsche mir den Bäcker her!“ Das Kind, welches den Papierstreifen mit dem Wort „Bäcker“ hat, steht auf und setzt sich auf den freien Platz. Nun sagt dasjenige Kind, neben dem der Platz frei wurde: „Mein rechter (linker) Platz ist leer, ich wünsche schnell den Maler her!“ So geht das Spiel weiter, bis alle Kinder ihre Plätze gewechselt haben.

- *Variation:*

  Statt Berufsbezeichnungen können Tiernamen, Automarken o.ä. auf den Papierstreifen stehen.

- *Zielsetzung:*

  Fördert den Wortschatz, die Begriffsbildung und -unterscheidung.

  In diesem Spiel lernen die Kinder, mit Begriffen und Bezeichnungen umzugehen, Aufmerksamkeit und richtiges Reagieren werden geschult.

## Stadt – Land – Fluß

- *Material:* kein Material
- *Durchführung:*

  Die Kinder sitzen im Kreis. Ein Kind beginnt mit der Frage: „Lea Maria, was gibt es in der Stadt?" Lea Maria antwortet und stellt die nächste Frage: „Nele Marie, was gibt es auf dem Land?" Nele Marie antwortet und fragt dann: „Lisa Marie, was gibt es am Fluß?"

  Es können weitere Orte vereinbart werden, z.B. am Meer, auf den Bergen, in der Wüste, am Himmel, etc.

- *Variation:*

  a) Es können Gemeinsamkeiten erfragt werden, z.B. „Was gibt in der Stadt und auf dem Land?"

  b) Die Fragen können auch so gestellt werden: „Wo gibt es Schiffe? Wo gibt es eine Straßenbahn?" etc.

- *Zielsetzung:*

  Fördert den Wortschatz, die Begriffsbildung und -unterscheidung.

  In diesem Spiel lernen die Kinder neue Begriffe und bereits bekannte Begriffe aus der Umwelt zu vergleichen und Gemeinsamkeiten herauszufinden. So wird der Wortschatz erweitert und die Kinder erfahren neue Möglichkeiten, sich auszudrücken.

## Welches Tier bin ich?

- *Material:* kein Material
- *Durchführung:*

  Ein Kind ahmt nur durch Laute und Geräusche (ohne Bewegungen) ein Tier nach. Die anderen Kinder sollen erraten, um welches Tier es sich handelt. Schaffen sie es, ahmen sie ebenfalls dieses Tier nach. So entsteht eine ganze Herde, die sich durch den Raum bewegen kann.

- *Variation:*

  a) Die Kinder, die raten, bekommen die Augen verbunden und sollen sagen, in welcher Richtung sich das Tier durch den Raum bewegt.

  b) Zwei Kinder ahmen gleichzeitig das gleiche Tier nach. Wer es am besten macht, wird Sieger.

- *Zielsetzung:*

  Fördert die verbale Ausdrucksfähigkeit.

  In diesem Spiel erfahren die Kinder, wie wichtig das genaue Hinhören ist, um Unterschiede von Lauten und Geräuschen zu erkennen und zuzuordnen.

# 9. Sozialverhalten

Der Begriff „Sozialverhalten“ steht für solche Verhaltensweisen, die ein Kind befähigen, sich mit anderen Personen auseinanderzusetzen, mit ihnen zu kommunizieren und zu interagieren. Gerade im Spiel macht ein Kind eine Vielzahl sozialer Lernerfahrungen. Es lernt, Spielregeln zu akzeptieren, Rücksicht auf Partner zu nehmen, eigene Bedürfnisse zurückzustellen. Dazu gehört auch die Fähigkeit, verlieren zu können, ohne darauf mit Aggressionen zu reagieren.

Unter diesen Gesichtspunkten läßt sich der Begriff Sozialverhalten in folgende Bereiche unterteilen:

- Kommunikationsfähigkeit
- Interaktionsfähigkeit
- Kontaktfähigkeit
- Gruppenfähigkeit

Das Sozialverhalten entwickelt sich, wie die Sprache, ebenfalls auf der Grundlage von Wahrnehmung und Motorik. Eine gute Wahrnehmung sowie eine gute Motorik befähigen ein Kind dazu, sich mit anderen Menschen in adäquater Weise auseinanderzusetzen. Die Beherrschung des eigenen Körpers und der richtige Umgang mit dem, was wahrgenommen wird, stärkt sein Selbstvertrauen. Die Sicherheit im Umgang mit sich selbst ist aber in hohem Maße wichtig für den Umgang mit anderen.

Im folgenden Abschnitt sind Spiele aufgeführt, die hauptsächlich zur Förderung von sozialen Verhaltensweisen, daneben aber auch für andere Entwicklungsbereiche eingesetzt werden können.

## 9.1 Spiele zur Förderung des Sozialverhaltens

### Blindenführer

- *Material:* Tuch, Gegenstände für Hindernisbahn
- *Durchführung:*

  Einem Kind werden die Augen verbunden. Ein zweites Kind ist der Blindenführer und führt den Partner durch den Raum. Nach einer Weile werden die Rollen getauscht.

- *Variation:*

  a) Der „Blinde“ kann an der Hand, an der Schulter, durch leichten Druck am Rücken, durch Zuruf geführt werden.

  b) Es können Hindernisse aufgebaut werden, um die der Blindenführer den Partner führen soll.

- *Zielsetzung:*

  Fördert die Kontaktfähigkeit.

  In diesem Spiel lernen die Kinder, sich auf einen (behinderten) Partner einzustellen, ihm zu helfen, ihm Vertrauen entgegenzubringen. Durch den Körperkontakt erfahren die Kinder ein Sicherheitsgefühl und das Bewußtsein, sich auf andere verlassen zu können.

**Burgball**

- *Material:* Ball, Kegel
- *Durchführung:*

  Auf dem Boden wird ein großer Kreis markiert, die „Burg“. In der Mitte des Kreises stellt man die Kegel auf. Ein Kind wird gewählt und geht als Burgwächter in den Kreis. Die anderen Kinder stehen um die Burg herum und versuchen mit dem Ball die Kegel umzuwerfen, die vom Wächter verteidigt werden. Durch geschicktes Zuwerfen versuchen die Angreifer, den Wächter zu überlisten. Wer die Kegel trifft, geht als neuer Wächter in die Burg.

- *Variation:*

  a) Es können verschieden große Bälle und Kegel verwendet werden.

  b) Der Wächter darf die Bälle nur mit bestimmten Körperteilen (nur Hände, nur Füße etc.) abwehren.

- *Zielsetzung:*

  Fördert die Interaktions- und Gruppenfähigkeit.

In diesem Spiel erfahren die Kinder, wie durch gemeinsames Handeln ein Problem gelöst werden kann. Das Gemeinschaftsgefühl wird gestärkt und das Einbeziehen von Partnern in eigene Handlungsabsichten wird gefördert.

## Das Indianerspiel

- *Material:* Kästen, Schaumstoffbälle
- *Durchführung:*

  In einer Ecke des Raumes wird mit den Kästen eine „Wagenburg" gebaut, die von den „weißen Siedlern" verteidigt wird. Die „Indianer" greifen die Wagenburg an und versuchen so schnell wie möglich alle Bälle hineinzuwerfen. Die „Siedler" verhindern dies, indem sie die Bälle sofort wieder aus der Wagenburg herauswerfen. Sind alle Bälle in der Wagenburg, haben die „Indianer" gewonnen. Schaffen sie es nicht, werden nach einiger Zeit die Rollen getauscht.

- *Variation:*

  Es wird festgelegt, wie die Bälle in die Wagenburg befördert werden (z.B. nur mit der rechten Hand, nur mit den Füßen etc.)
- *Zielsetzung:*

  Fördert die Kontakt- und Gruppenfähigkeit.

  In diesem Spiel erfahren die Kinder ein starkes Gemeinschaftsgefühl und erleben, daß gemeinsames Handeln schneller zum Erfolg führt.

## Der Fischzug

- *Material:* kleine und große Bälle, Wanne, Pedalo
- *Durchführung:*

  Die Pedalos stellen „Fischkutter" dar. Die Fahrer sind die „Fischer", die gemeinsam aufs Meer fahren. Sie halten die Wanne, das „Netz", zwischen sich und fahren so parallel zueinander durch den Raum. Dabei versuchen sie soviele Bälle, die „Fische", wie möglich einzufangen.

- *Variation:*

  Statt nur mit zwei „Fischkuttern" zu fischen, können mehrere Kinder auf Pedalos nebeneinander herfahren, so daß ein „Treibnetz" entsteht.

- *Zielsetzung:*

  Fördert die Kommunikations- und Kontaktfähigkeit.

  In diesem Spiel lernen die Kinder, durch gemeinsames Handeln ein Ziel zu erreichen. Sie müssen sich auf einen Partner einstellen und auf ihn Rücksicht nehmen.

## Der Kuckuck sucht ein Nest

- *Material:* kein Material

- *Durchführung:*

  Ein Kind ist der Kuckuck. Die anderen Kinder werden in Dreiergruppen eingeteilt. Zwei Kinder jeder Gruppe stehen sich gegenüber und halten sich an den Händen. Das dritte Kind steht zwischen ihnen im „Nest". Der Kuckuck hat kein Nest. Auf ein Zeichen „fliegen" die Kinder aus ihren Nestern und laufen zusammen mit dem Kuckuck durch den Raum. Wenn der Spielleiter laut „Kuckuck" ruft, versuchen alle, auch der Kuckuck, ein leeres Nest zu besetzen. Wer kein Nest findet, wird neuer Kuckuck.

- *Variation:*

  Die „Nester" befinden sich hinter einer (gedachten) Linie. So wird verhindert das die Kinder ständig um die Nester herumlaufen und dem Kuckuck wenig Gelegenheiten geben, ein Nest zu besetzen.

- *Zielsetzung:*

  Fördert die Kontaktfähigkeit.

  In diesem Spiel erleben die Kinder Gefühle wie Schutz und Sicherheit, die eine Gruppe vermitteln kann. Das Spiel eignet sich auch gut zum Kennenlernen der Gruppenmitglieder.

## Der Santa-Fé-Expreß

- *Material:* Reha-Pedalo, Seile, Rollbretter
- *Durchführung:*

  Das Reha-Pedalo stellt die Lokomotive des Santa-Fé-Expreß dar, die Rollbretter die Anhänger. Sie werden mit den Seilen hintereinander an das Reha-Pedalo gehängt. Nun werden ein „Lokführer" und ein „Heizer" gewählt, die den Zug fahren. Es können Fahrgäste mitgenommen werden, die sich auf die Rollbretter setzen oder stellen. Nach einer bestimmten Strecke werden Lokführer und Heizer ausgetauscht.

- *Variation:*

  a) Statt der Personen können auch Gegenstände auf den Anhängern transportiert werden.

  b) Sind mehrere Pedalos vorhanden, können die Züge auf sich kreuzenden Strecken fahren, ohne daß sie zusammenstoßen.

- *Zielsetzung:*

  Fördert die Kontaktfähigkeit.

  In diesem Spiel lernen die Kinder, mit Partnern eine Aufgabe zu lösen, indem sie gemeinsam handeln. Anpassungsfähigkeit, aber auch Durchsetzungskraft werden gefördert.

## Die Menschenkette

- *Material:* kein Material:
- *Durchführung:*

  Die Kinder fassen sich an den Händen und bilden so eine lange Kette. Diese bewegt sich nun zu einer Spirale, wobei das erste Kind alle anderen nach sich zieht, bis alle ganz eng umeinander stehen. Nun sucht sich das erste Kind irgendwo eine Lücke zwischen den anderen und zieht die Kette hinter sich her, bis alle wieder in einer Reihe stehen.

- *Variation:*

  Je mehr Lücken durchlaufen werden, desto komplizierter wird die Auflösung des entstehenden Knäuels.

- *Zielsetzung:*

  Fördert die Interaktionsfähigkeit.

  In diesem Spiel erfahren die Kinder, welchen Spaß es macht, mit anderen gemeinsam zu agieren. Die Konzentration auf die Bewegungen der ganzen Gruppe und der Körperkontakt zu anderen werden gefördert.

## Fährmannspiel

- *Material:* Rollbrett, langes Seil, kleiner Kasten
- *Durchführung:*

  Ein Kind sitzt ( steht, liegt ) auf dem Rollbrett und hält das Seil an einem Ende fest. Am anderen Ende zieht ein zweites Kind langsam die „Fähre" über den „Fluß".

- *Variation:*

  a) Zwei Kinder halten das Seil straff, das Kind auf dem Rollbrett zieht sich am Seil entlang.

  b) Während der Fahrt können Gegenstände aus dem Fluß „gefischt und ans Ufer gebracht werden".

  c) Es kann „Ladung" (Bälle, Becher u.ä.) von einer „Uferseite" zur anderen transportiert werden.

  d) Es kann ein kleiner Kasten mit der Öffnung nach oben auf das Rollbrett gestellt werden, so daß das Gefährt einem Schiff ähnlicher wird.

- *Zielsetzung:*

  Fördert die Interaktionsfähigkeit.

  In diesem Spiel lernen die Kinder auf den Partner einzugehen, rücksichtsvoll mit ihm umzugehen, seine Gefühle zu erkennen und zu beachten.

## Feuerwehrspiel II

- *Material:* Rollbrett, langes Seil, Kästen
- *Durchführung:*

Der Kasten wird mit der Öffnung nach oben auf das Rollbrett gestellt (Feuerwehrauto), das Seil wird zusammengerollt in den Kasten gelegt. Jeweils 3 Kinder bilden eine Feuerwehrmannschaft. Sie fahren mit dem Feuerwehrauto um verschiedene Hindernisse herum durch den Raum zu einem Feuer an einem Haus (Kasten). Hier nehmen sie den Löschschlauch (Seil) und befestigen ihn dort. Die Feuerwehrmannschaft hat gewonnen, die das Feuer am schnellsten „gelöscht" hat.

- *Variation:*

a) Jede Mannschaft muß ihr Feuerwehrauto erst zusammenbauen.

b) Es müssen Bälle „gerettet" werden, die sich im Feuer befinden. Die Zahl der geretteten Bälle entscheidet über den Sieg.

- *Zielsetzung:*

Fördert die Kommunikations- und Gruppenfähigkeit.

In diesem Spiel lernen die Kinder, durch gemeinsames Handeln ein Ziel zu erreichen. Ideen und Vorstellungen müssen aufeinander abgestimmt werden, um das Problem zu lösen.

## Fische fangen

- *Material:* kein Material
- *Durchführung:*

Ein Kind wird als Fischfänger ausgewählt. Die übrigen Kinder stellen sich an einer Seite des Raumes auf. Auf ein Zeichen versuchen sie auf die andere Seite des Raumes zu gelangen, wobei sie vom Fischfänger abgeschlagen werden können. Alle abgeschlagenen Kinder nehmen sich nun an den Händen und bilden so ein Netz, mit dem sie ebenfalls versuchen, Fische zu fangen. Dasjenige Kind, das übrigbleibt, wird neuer Fischfänger.

- *Variation:*

a) Der Fischfänger darf nur an bestimmten Körperteilen abschlagen (Füße, Oberarme, Rücken etc.)

b) Die Zahl der Kinder, die ein Netz bilden, wird auf drei oder vier begrenzt, so daß im Laufe des Spiels mehrere Netze entstehen. So können gemeinsam durch geschicktes Agieren mehr Fische gefangen werden.

- *Zielsetzung:*

Fördert die Kontaktfähigkeit.

In diesem Spiel erfahren die Kinder, daß gemeinsames Handeln zum Erfolg führt. Das Gefühl, in einer Gruppe mehr zu erreichen, fördert die Kontaktbereitschaft.

## Hase und Jäger

- *Material:* Kasten oder Karton mit Bällen
- *Durchführung:*

In der Mitte des Raumes steht ein mit Bällen gefüllter Kasten. Ein Kind spielt den Jäger, die anderen sind die Hasen. Der Jäger muß versuchen, die umherlaufenden Hasen mit den Bällen abzuwerfen. Wer abgeworfen wurde, setzt sich auf den Boden. Der letzte „Hase" wird neuer „Jäger".

- *Variation:*

a) Die Hasen hüpfen durch den Raum (z.B. auf einem Bein, in der Hocke, auf allen vieren etc.)

b) Es werden große oder kleine Bälle verwendet.

- *Zielsetzung:*

Fördert die Kontaktfähigkeit.

In diesem Spiel lernen die Kinder, sich mit anderen Personen auseinanderzusetzen. Das Selbstbewußtsein und das Selbstwertgefühl werden gefördert, indem die Kinder erkennen, wie sie ihre eigenen Fähigkeiten geschickt einsetzen, um zum Erfolg zu kommen.

## Körpersprache

- *Material:* kein Material
- *Durchführung:*

  Die Kinder sollen in diesem Spiel versuchen, verschiedene Stimmungen und Gefühle durch ihre Mimik und Gestik auszudrücken. Es darf dabei nicht gesprochen werden, sondern die Zuschauer sollen aus der Körperstellung und dem Gesichtsausdruck den dargestellten Zustand erraten.

  Beispiele: Freude, Wut, Angst, Erstaunen, Langeweile, Neugier etc.
- *Variation:*

  Zwei oder mehrere Kinder stellen gemeinsam Stimmungslagen dar.

  Beispiele: Ängstlichkeit im Wartezimmer des Zahnarztes, Warten an der Bushaltestelle, Freude über ein Tor beim Fußball etc.
- *Zielsetzung:*

  Fördert die Interaktionsfähigkeit.

  In diesem Spiel lernen die Kinder, sich auf andere Personen, deren Stimmungen und Launen einzustellen, sie zu erkennen und richtig einzuordnen, auch wenn sie nicht durch sprachliche Äußerungen unterstützt werden. Die soziale Wahrnehmung wird geschult.

## Kutscherspiel

- *Material:* Rollbrett, Kasten, Seil
- *Durchführung:*

  Der Kasten wird mit der Öffnung nach oben auf das Rollbrett gestellt. Ein Kind setzt sich hinein und spielt den Kutscher. Ein anderes Kind spielt ein Pferd und zieht an dem Seil die Kutsche durch den Raum. Dabei muß es darauf achten, wohin der Kutscher es durch Zuruf lenkt.
- *Variation:*

  a) Es kann ein Parcours aufgebaut werden, den die Kutsche nach genauer Anweisung durchfahren muß.

b) Zwei Kutschen können einen Wettkampf durchführen. Sieger ist die Mannschaft, die einen Parcours in einer bestimmten Zeit schafft.

*Zielsetzung:*

Fördert die Kontakt- und Interaktionsfähigkeit.

In diesem Spiel erfahren die Kinder, ein Problem durch gemeinsames Handeln zu lösen. Dabei müssen sie aufeinander eingehen und die Wünsche des Partners berücksichtigen.

## Krankenträger

- *Material:* Stangen, Bälle
- *Durchführung:*

Zwei Kinder nehmen jeweils zwei Stangen auf, die eine Krankentrage darstellen. Ein Ball wird auf die beiden Stangen gelegt, den die Kinder durch den Raum tragen. Dabei müssen sie so geschickt zusammenarbeiten, daß der Ball nicht herunterfällt.

- *Variation:*

a) Es werden Hindernisse aufgebaut, die die Kinder überwinden müssen.

b) Es können große oder kleine Bälle verwendet werden.

- *Zielsetzung:*

Fördert die Kommunikations- und Interaktionsfähigkeit.

In diesem Spiel lernen die Kinder, auf einen Partner einzugehen, sich seinen Bewegungen anzupassen und kooperativ mit ihm zusammen zu handeln. Konzentration und Geschicklichkeit werden ebenfalls verlangt.

## Marionettenspiel

- *Material:* Bindfaden, Filzstifte, Papier
- *Durchführung:*

Ein Kind nimmt einen Filzstift, der an einem Bindfaden hängt, in jede Hand und setzt sich vor ein Stück Papier. Ein zweites Kind nimmt den Bindfaden und bewegt damit wie bei einer Marionette den Filzstift (bzw. die Hände des anderen Kindes), so daß durch die entstehenden Bewegungen Zeichnungen auf dem Papier entstehen.

- *Variation:*

  a) Die Bindfäden können an den Armen der Kinder befestigt werden.

  b) Es wird vorher verabredet, was gezeichnet werden soll.

- *Zielsetzung:*

  Fördert die Interaktionsfähigkeit.

  In diesem Spiel lernen die Kinder, daß durch gemeinsames Handeln eine Aufgabe gelöst werden kann, auch indem man sich auf seinen Partner, der die Verantwortung übernimmt, verlassen kann.

## Namenball

- *Material:* Ball
- *Durchführung:*

  Die Kinder stehen sich im Kreis gegenüber. Ein Kind bekommt den Ball, wirft ihn so hoch wie möglich und ruft dabei laut den Namen eines Mitspielers. Dieser muß versuchen, so schnell wie möglich den Ball zu fangen, während die anderen Kinder so weit wie möglich von ihm weglaufen. Hat das Kind den Ball gefangen, ruft es laut „Stop“, und alle Kinder müssen sofort stehen bleiben. Dann versucht das Kind einen Mitspieler mit dem Ball abzuwerfen. Gelingt es, wird das abgeworfene Kind zum „Namenrufer“.

- *Variation:*

  a) Die Größe des Balles wird verändert, um das Fangen zu erschweren (zu erleichtern).

  b) Die Kinder laufen nicht, sondern hüpfen, gehen, kriechen vor dem Ballfänger davon.

- *Zielsetzung:*

  Fördert die Kontaktfähigkeit.

  In diesem Spiel lernen die Kinder die übrigen Mitspieler durch das Aufrufen der Namen kennen. Es eignet sich deshalb gut als Kennenlernspiel für größere Gruppen.

## Rollball

- *Material:* Seil, Ball
- *Durchführung:*

  Das Seil wird so über den Boden gespannt, daß der Ball gerade darunter durchrollen kann. Die Spieler zweier Mannschaften müssen nun versuchen, den Ball so zu rollen, daß er die gegnerische Grundlinie berührt. Bevor er unter dem Seil hindurch gerollt wird, muß er allerdings von allen Mitspielern einer Mannschaft berührt worden sein.

- *Variation:*

  a) Das Erreichen der gegnerischen Grundlinie wird mit einem Punkt belohnt. Die Mannschaft, die zuerst 12 Punkte hat, wird Sieger.

  b) Es können große oder kleine Bälle verwendet werden.

- *Zielsetzung:*

  Fördert die Gruppenfähigkeit.

  In diesem Spiel lernen die Kinder, Spielregeln zu beachten und danach zu handeln. Gemeinsam geplante Aktionen führen hier zum Erfolg.

## Rollfußball

- *Material:* Rollbretter, Ball
- *Durchführung:*

  Es werden Mannschaften gebildet mit jeweils drei Mitspielern. Die Spieler sitzen auf den Rollbrettern und versuchen den Ball mit den Füßen ins gegnerische Tor zu befördern.

- *Variation:*

  Mit den gleichen Materialien kann auch Rollhandball gespielt werden.

- *Zielsetzung:*

  Fördert die Gruppenfähigkeit.

  In diesem Spiel lernen die Kinder Spielregeln zu beachten, mit Partnern gemeinsam ein Ziel zu verfolgen und eigene Vorstellungen und

Wünsche mit anderen zu koordinieren. Das Gemeinschaftsgefühl wird gestärkt, eigene Bedürfnisse in den Dienst der Gemeinschaft gestellt.

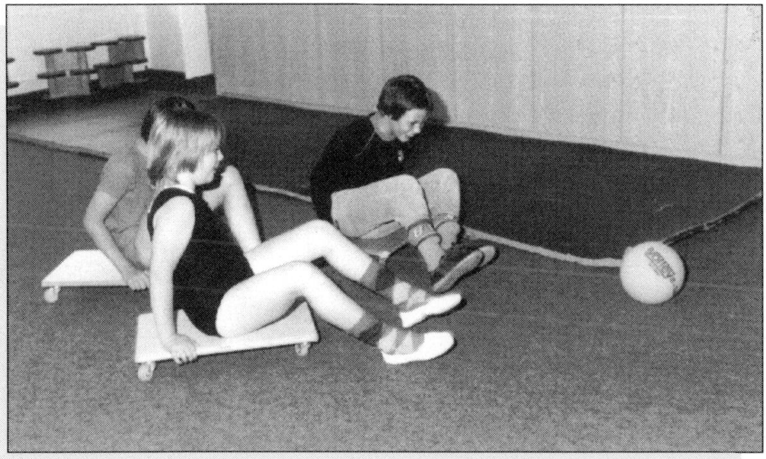

## Schatzwache

- *Material:* ein beliebiger Gegenstand als „Schatz"
- *Durchführung:*

  Die Kinder bilden einen Kreis, in dem sie sich an den Händen halten. In die Mitte des Kreises wird der „Schatz" gelegt. Ein „Räuber" muß nun versuchen, in den Kreis zu gelangen, um den Schatz zu erreichen.
- *Variation:*

  Hat der Räuber den Schatz erreicht, muß er versuchen, ihn aus dem Kreis herauszubringen.
- *Zielsetzung:*

  Fördert die Interaktionsfähigkeit.

  In diesem Spiel erleben die Kinder, welche Macht geschlossene Gruppen ausüben können. Das Bestreben, in eine Gruppe aufgenommen zu werden, wird motiviert. Selbstsicherheit und Selbstwertgefühl wird angesprochen und bewußt gemacht.

## Schlittenfahrt

- *Material:* Rollbretter, (Schwebe-) Balken
- *Durchführung:*

  Der Balken wird auf zwei oder drei Rollbretter gesetzt, so daß ein großer „Schlitten“ entsteht. Die Kinder setzen sich darauf und stoßen sich gleichmäßig auf jeder Seite mit den Füßen ab. Sie fahren durch den Raum, wobei sie darauf achten, daß sie nirgends anstoßen.
- *Variation:*

  Ein Erwachsener oder mehrere Kinder ziehen oder schieben den Schlitten.
- *Zielsetzung:*

  Fördert die Kontaktfähigkeit.

  In diesem Spiel erleben die Kinder Spaß und Freude am gemeinsamen Handeln. Das Spiel eignet sich gut zum Abbau von Kontaktängsten und Hemmungen in einer größeren Gruppe.

## Straßenbahnfahrt

- *Material:* lange Seile, Augenbinden
- *Durchführung:*

  Die Seile werden etwas über Kopfhöhe durch den Raum gespannt, so daß dabei auch Kreuzungen entstehen. Sie stellen „Oberleitungen von Straßenbahnen“ dar. Die Kinder ergreifen die Seile und „fahren“ daran wie Straßenbahnen entlang. Sie müssen darauf achten, daß sie nicht miteinander kollidieren.
- *Variation:*

  a) Die Kinder wählen einen Straßenbahnführer, der immer wieder anhält, um Fahrgäste aus- und einsteigen zu lassen.

  b) Die Straßenbahnführer bekommen die Augen verbunden, so daß sie im „Nebel“ fahren. Sie müssen während der Fahrt auf Signale achten (Klatschen, Pfeifen etc.), um Kollisionen zu vermeiden.
- *Zielsetzung:*

  Fördert die Kommunikations- und Interaktionsfähigkeit.

  In diesem Spiel lernen die Kinder, Regeln einzuhalten, gemeinsam zu handeln und aufeinander einzugehen.

# 10. Literatur


**Ayres, A.J.:** Bausteine der kindlichen Entwicklung. Berlin 1984.

**Bühler, Ch.:** Kindheit und Jugend. Leipzig 1928 (1967).

**Dahms, A.-G. / Jaeger, U.:** Motorik und Sprache. Frankonius Verlag Limburg 1976.

**Eggert, D.** (Hrsg.): Psychomotorisches Training. Beltz Verlag 1975.

**Eggert, D. u. Kiphard, E.J.** (Hrsg.): Die Bedeutung der Motorik für die Entwicklung normaler und behinderter Kinder. Verlag Karl Hofmann 1972.

**Frostig, M.:** Bewegungserziehung. Ernst Reinhard Verlag 1973.

**Goetze, H. / Jaede, W.:** Die nicht-direktive Spieltherapie. Kindler Verlag München 1974.

**Heese, G.** (Hrsg.): Rehabilitation Behinderter durch Förderung der Motorik. Marhold 1975.

**Heimann, K. / Ehrlich, P.:** Bewegungsspiele mit dem Pedalo. verlag modernes lernen Dortmund 1986.

**Hellbrügge, T.:** Bewegung und Spiel als Grundelemente der kindlichen Entwicklung. München 1967.

**Hetzer, H.:** Spielen lernen – Spielen lehren. München 1969.

**Hetzer, H.:** Spiel und Spielzeug für jedes Alter. München 1974.

**Kiphard, E.J.:** Bewegungs- und Koordinationsschwächen im Grundschulalter. Verlag Karl Hofmann 1970.

**Kiphard, E.J.:** Wie weit ist ein Kind entwickelt? verlag modernes lernen 1975/1976.

**Kiphard, E.J.:** Motopädagogik. verlag modernes lernen Dortmund 1974.

**Kluge, K.-J. / Patschke, U.:** Spielen, Spielmittel und Spielprogramme zur Förderung behinderter Kinder und Jugendlicher. Otto Maier Verlag 1976.

**Kochansky, G.:** Kinderspiele im Nördlichen Schleswig-Holstein.Institut für Regionale Forschung und Information im Deutschen Grenzverein e.V. 1993.

**Kopp, B.:** Sport für verhaltensgestörte Kinder und Jugendliche. Verlag Karl Hofmann 1977.

**Löwe, A.** (Hrsg.): Motorik ist mehr als Bewegung. Marhold 1974.

**Löwe, A.:** Sprachfördernde Spiele für hörgeschädigte und für sprachentwicklungsgestörte Kinder. Marhold 1976.

**Michaelis, R. / Nolte, R. / Buchwald-Saal, M. & Haas, G.H.:** Entwicklungsneurologie. Stuttgart 1984.

**Miedzinski, K.:** Die Bewegungsbaustelle. verlag modernes lernen Dortmund 1983.

**Möller, U. / Zimmermann, R. / Pfalzgraff, R.:** Sprachförderung die Spaß macht. Don Bosco Verlag 1979.

**Nickel, H.:** Entwicklungspsychologie des Kindes- und Jugendalters, Bd. I, Verlag Hans Huber 1975.

**Nickel, H.:** Entwicklungspsychologie des Kindes – und Jugendalters, Bd. II, Verlag Hans Huber 1976.

**Radigk, W.:** Kognitive Entwicklung und zerebrale Dysfunktion. verlag modernes lernen Dortmund 1986.

**Remschmidt, H. & Schmidt, M.** (Hrsg.): Neuropsychologie des Kindesalters. Stuttgart 1981.

**Sinnhuber, H.:** Spielmaterial zur Entwicklungsförderung – von der Geburt bis zur Schulreife – verlag modernes lernen 1978.

**Scheuerl, H.:** Das Spiel. Beltz Verlag 1968.

**Scheuerl, H.:** Theorien des Spiels. Beltz Verlag 1975.

**Winnicott, D.W.:** Vom Spiel zur Kreativität. Stuttgart 1973.

# 11. Fremdwortverzeichnis

**agieren** – handeln, tun

**emotional** – das Gefühl betreffend

**Frustration** – Erwartungsenttäuschung aufgrund der Vereitelung angestrebter Ziele

**Frustrationstoleranz** – das Ausmaß, bis zu dem Frustrationen ertragen werden

**funktional** – hier: Gehirnfunktionen betreffend (z.B. Motorik, Gedächtnis etc.)

**Identifikation** – Übereinstimmung

**Interaktion** – Wechselbeziehung, Handeln zwischen Personen

**Kommunikation** – Austausch von Informationen zur gegenseitigen Verständigung

**Koordination** – „reibungslose“ Abstimmung (z.B. von Bewegungsabläufen)

**kooperativ** – zusammenarbeitend

**Kreativität** – das Schöpferische

**kreativ** – schöpferisch denken und handeln

**Medium** – Träger zur Informationsvermittlung

**Motivation** – Antrieb, Bedürfnis, Drang

**psychisch** – seelisch

**sozial** – zwischenmenschliche Beziehungen betreffend

**Therapie** – Behandlung

**therapeutisch** – zur Behandlung gehörend

# 12. Schematische Übersicht der Spiele mit dazugehörigen Förderbereichen

Auf den nachfolgenden Seiten sind alle Spiele alphabetisch in Zuordnung zu den angesprochenen Förderbereichen aufgeführt.

Die Ziffern „1“ und „2“ geben die Schwerpunktbereiche an, die durch das jeweilige Spiel besonders gefördert werden können.

Dabei bedeutet:

**1** = Hauptförderbereich
**2** = diese Bereiche werden mitgefördert

| **Förderbereiche** / **Name des Spiels** | **Seite** | **visuelle Wahnehmung** | **akust. Wahnehmung** | **taktile Wahnehmung** | **Motorik** | **Sprache** | **Sozialverhalten** |
|---|---|---|---|---|---|---|---|
| Alles im Eimer | 53 | 1 | | | 2 | | |
| Angelspiel | 54 | 1 | | | 2 | | |
| Aufstand der Zeitungsleser | 83 | 2 | | 1 | 2 | | |
| Autospiel | 54 | 1 | | | 2 | | |
| Ball berühren | 28 | 2 | 2 | | 1 | | |
| Ball wegdrücken | 28 | | | 2 | 1 | | |
| Ballonfahrt | 84 | | | 1 | 2 | | |
| Ballwanderung | 55 | 1 | | | 2 | | 2 |
| Bewegungspantomime | 29 | | | | 1 | | |
| Bin ich an der Reihe? | 71 | | 1 | | | | |
| Blindenführer | 99 | | | 2 | | | 1 |
| Bockspringen | 29 | 2 | | 2 | 1 | | |
| Büchsenwurf | 56 | 1 | | | | | |
| Burgball | 100 | 2 | | | 2 | | 1 |
| Cowboyreiten | 30 | | | | 1 | | |
| Das Eisenbahnspiel | 71 | | 1 | | | | 2 |

| Name des Spiels / Förderbereiche | Seite | visuelle Wahnehmung | akust. Wahnehmung | taktile Wahnehmung | Motorik | Sprache | Sozialverhalten |
|---|---|---|---|---|---|---|---|
| Das Indianerspiel | 101 | 2 | | | 2 | | 1 |
| Das Marktschreierspiel | 95 | | 2 | | | 1 | |
| Das Radfangspiel | 31 | 2 | | | 1 | | |
| Das Tausendfüßlerspiel | 31 | | | 2 | 1 | | |
| Der Fernsehmann | 95 | | 2 | | | 1 | |
| Der Fischzug | 101 | 2 | | | 2 | | 1 |
| Der Flötenspieler | 72 | | 1 | | 2 | | |
| Der Kuckuck sucht ein Nest | 102 | 2 | 2 | | | | 1 |
| Der Maler auf Rädern | 32 | 2 | | | 1 | | 2 |
| Der Plumpsack geht um | 77 | | 1 | | 2 | | 2 |
| Der Santa-Fé-Expreß | 103 | 2 | | | 2 | | 1 |
| Der Vogelhändler | 72 | | 1 | | 2 | 2 | |
| Der wandernde Ballon | 57 | 1 | | | 2 | | |
| Der Wasserträger | 33 | 2 | | | 1 | | 2 |
| Die Menschenkette | 103 | | | 2 | 2 | | 1 |
| Die Olympischen Ringe | 56 | 1 | 2 | | 2 | | |
| Die Weltkugel | 33 | | | | 1 | | |
| Die Zeitungsente | 34 | 2 | | | 1 | | |
| Doppelrammbock | 35 | 2 | | | 1 | | 2 |
| Dschungelsafari | 84 | | | 1 | 2 | | |
| Echospiel | 93 | | 2 | | | 1 | |
| Eierlauf | 58 | 1 | | | 2 | | 2 |
| Fährmannspiel | 104 | | | 2 | 2 | | 1 |
| Feuerwehrspiel I | 85 | | | 1 | 2 | | 2 |
| Feuerwehrspiel II | 105 | | | | | | 1 |
| Figurenspiel | 58 | 1 | | 2 | | | |
| Fische fangen | 105 | | | | 2 | | 1 |

| Förderbereiche / Name des Spiels | Seite | visuelle Wahnehmung | akust. Wahnehmung | taktile Wahnehmung | Motorik | Sprache | Sozialverhalten |
|---|---|---|---|---|---|---|---|
| Fliegen fangen | 35 | 2 | | | 1 | | 2 |
| Flüsterspiel | 73 | | 1 | | | 2 | |
| Formen suchen | 59 | 1 | 2 | | | 2 | |
| Geräusche raten | 74 | | 1 | | | | |
| Geschichte ohne Ende | 94 | | 2 | | | 1 | 2 |
| Gladiatorenkampf | 36 | | | | 1 | | |
| Handtuchziehen | 36 | | | 2 | 1 | | |
| Hase und Jäger | 106 | 2 | | 2 | | | 1 |
| Heiße Kartoffeln | 60 | 1 | | | 2 | | |
| Hindernislauf | 37 | 2 | | | 1 | | |
| Hund an der Leine führen | 60 | 1 | | | 2 | | |
| Hürdenlauf | 38 | 2 | | | 1 | | 2 |
| Ich höre dich und du hörst mich | 74 | | 1 | | | 2 | |
| Ich wünsche mir den Bäcker her! | 96 | | | | | 1 | |
| Kartoffeln abschlagen | 38 | 2 | | | 1 | | |
| Klatschspiel | 61 | 1 | | | 2 | | |
| Klingelball | 75 | | 1 | | 2 | | |
| Klingelnder Wecker | 75 | | 1 | | 2 | | |
| Klotz am Bein | 39 | 2 | | 2 | 1 | | |
| Korken schnipsen | 41 | 2 | | | 1 | | |
| Körpersprache | 107 | 2 | | | 2 | | 1 |
| Krankenträger | 108 | 2 | | 2 | 2 | | 1 |
| Krokodilkampf | 40 | | | | 1 | | |
| Kutscherspiel | 107 | | | | | | 1 |
| Langlauf | 85 | | | 1 | 2 | | |
| Laufspiel | 61 | 1 | | | 2 | | |
| Luftballontreten | 40 | 2 | | | 1 | | |

| Förderbereiche / Name des Spiels | Seite | visuelle Wahnehmung | akust. Wahnehmung | taktile Wahnehmung | Motorik | Sprache | Sozialverhalten |
|---|---|---|---|---|---|---|---|
| Luftballon-Volleyball | 41 | 2 | | | 1 | | |
| Marionettenspiel | 108 | 2 | | 2 | 2 | | 1 |
| Morsealphabet | 76 | | 1 | | | | |
| Musikantenspiel | 76 | 2 | 1 | | | | |
| Namenball | 109 | 2 | 2 | | 2 | | 1 |
| Nicht berühren | 77 | | 1 | | | | |
| Nicht fallen lassen | 42 | 2 | | 2 | 1 | | |
| Parkplatzsuche | 62 | 1 | | | 2 | | 2 |
| Pilze sammeln | 43 | 2 | | | 1 | | 2 |
| Platzanweiserspiel | 63 | 1 | 2 | | | 2 | |
| Positiv/Negativ (Das Spiegelbild) | 86 | 2 | | 1 | 2 | | |
| Prellballroller | 43 | 2 | | | 1 | | |
| Rhythmusspiel | 78 | 2 | 1 | | | | 2 |
| Riesenmikado | 63 | 1 | | | 2 | | |
| Ringe fangen | 64 | 1 | | | 2 | | |
| Ringe werfen | 65 | 1 | | | 2 | | |
| Ringreiterspiel | 44 | 2 | | | 1 | | |
| Rollball | 110 | 2 | | | 2 | | 1 |
| Rollfußball | 110 | | | | 2 | | 1 |
| Schatzwache | 111 | | | | 2 | | 1 |
| Schiffe beladen | 45 | 2 | | | 1 | | 2 |
| Schlangengrube | 87 | | | 1 | 2 | | 2 |
| Schlangenkönig | 65 | 1 | | | 2 | | |
| Schlittenfahrt | 112 | | | | 2 | | 1 |
| Schnurgreifen | 87 | | | 1 | 2 | | |
| Schnurwickeln | 46 | 2 | | | 1 | | |
| Schubkarrenrennen | 46 | | | 2 | 1 | | 2 |

| Förderbereiche / Name des Spiels | Seite | visuelle Wahnehmung | akust. Wahnehmung | taktile Wahnehmung | Motorik | Sprache | Sozialverhalten |
|---|---|---|---|---|---|---|---|
| Seiltanz | 47 | 2 | | | 1 | | |
| Spinne im Netz | 79 | | 1 | 2 | 2 | | |
| Sprungkarussel | 66 | 1 | | | 2 | | |
| Stadt – Land – Fluß | 97 | | 2 | | | 1 | |
| Stafettenlauf | 88 | | | 1 | 2 | 2 | |
| Stecknadel im Heuhaufen | 89 | | | 1 | | | |
| Straßenbahnfahrt | 112 | | 2 | 2 | | | 1 |
| Tauziehen | 47 | | | 2 | 1 | | 2 |
| Taxifahrt | 78 | | 1 | | | 2 | |
| Tischfußball | 66 | 1 | | | | | 2 |
| Trampolin | 89 | | | 1 | 2 | | |
| Tücherfangen | 48 | 2 | | | 1 | | |
| Verzaubern | 90 | 2 | | 1 | 2 | | 2 |
| Was bringst du von der Reise mit? | 90 | 2 | | 1 | | 2 | |
| Was fehlt hier? | 67 | 1 | | | | 2 | |
| Welches Tier bin ich? | 97 | | 2 | | | 1 | |
| Weltreise | 80 | | 1 | | 2 | 2 | |
| Wer bist du? | 91 | | | 1 | | | |
| Wer hat den Ball? | 80 | | 2 | | 1 | 2 | |
| Wer ist hier der Chef? | 68 | 1 | | | 2 | | |
| Wer weiß, was das ist? | 81 | 2 | 1 | | | | |
| Zauberstab | 91 | | | 1 | | | 2 |
| Zitronenwettlauf | 48 | 2 | | | 1 | | |
| Zugmaschine | 49 | | | 2 | 1 | | |